最新商事仲裁与司法实务专题案例（第七卷）

林一飞　主编

对外经济贸易大学出版社
中国·北京

图书在版编目（CIP）数据

最新商事仲裁与司法实务专题案例．第7卷/林一飞主编．—北京：对外经济贸易大学出版社，2011

ISBN 978-7-5663-0203-8

Ⅰ．①最… Ⅱ．①林… Ⅲ．①国际商事仲裁－案例 Ⅳ．①D997.4

中国版本图书馆CIP数据核字（2011）第224289号

最新商事仲裁与司法实务专题案例（第七卷）

林一飞 主编

责任编辑：李明娟 汪友年

对外经济贸易大学出版社

北京市朝阳区惠新东街10号 邮政编码：100029

邮购电话：010－64492338 发行部电话：010－64492342

网址：http://www.uibep.com E-mail：uibep@126.com

山东省沂南县汇丰印刷有限公司印装 新华书店北京发行所发行

成品尺寸：170mm×230mm 14.25印张 264千字

2011年12月北京第1版 2011年12月第1次印刷

ISBN 978-7-5663-0203-8

印数：0 001－2 000册 定价：28.00元

前　言

本卷包括仲裁协议和仲裁管辖权、仲裁主体、仲裁员和仲裁庭、正当程序、中止程序和要求进行仲裁、仲裁裁决、法律适用、公共政策和可仲裁性、撤销和承认与执行程序等专题。内容和此前的各卷一样，同样涉及国际及国内仲裁司法审查的相关案例。

本书主要以摘要为主。如需要对本书提供的案例进行更深入的研究，则有必要查找相关案例的全文。案例全文可见之于《中国仲裁数据库》。《中国仲裁数据库》是中国唯一的在线大型仲裁数据库，目前下属十个子库，包括上万份的资料逾十万页的数据信息（含查找资料的有关索引信息），内容则涵盖了中国各级法院历年来与仲裁司法审查相关的裁判文书、中国最高人民法院历年作出的司法解释、仲裁相关国际公约、世界各国及地区仲裁法/ADR 立法、外国法院与仲裁司法审查相关的案例、世界各国仲裁机构及中国几百个仲裁机构的仲裁规则和争议解决规则、承认及执行仲裁裁决公约以及联合国仲裁示范法的案例摘要或检索信息以及投资仲裁案例及资料等。

中国仲裁有时像蹒跚学步的婴孩，有时又像传说中健步如飞的轻功好手。它将来会发展成什么样子，无法预测，但我们现在可以共同努力，至少让它不要太过于偏离理想中的状态。这也是我编著本系列丛书的初衷之一吧。

林一飞

2011 年 12 月于深圳

目　　录

案例索引

约定法院程序

相关裁判文书的效力

已撤销或替代裁决的执行

重新审查

部分撤销

重新仲裁

第三人提出异议

专题一

仲裁协议和仲裁管辖权

妨诉效力

◎ *Porcelli, Daniel et al v. ABN AMRO Asset Management Arg. SG et al National*（2005 年，阿根廷商事上诉法庭）

◎ 河南省建安防水防腐工程有限公司与中国航空港建设总公司承揽合同纠纷案（2008 年，中国北京市海淀区人民法院）

◎ 北京华德液压工业集团有限责任公司与武汉融电科技有限公司承揽合同纠纷案（2009 年，中国北京市大兴区人民法院）

◎ 北京利普森科技有限公司与北京西贝餐饮管理有限公司其他合同纠纷案（2009 年，中国北京市丰台区人民法院）

◎ 刘某与河南佳田公司买卖合同纠纷案（2009 年，中国河南省平顶山市中级人民法院）

仲裁机构的约定

◎ 北京新辰正泰机电设备有限责任公司与北京纵横环球科技股份有限公司买卖合同纠纷案（2008 年，中国北京市第一中级人民法院）

◎ 赣州市宏达汽车运输有限公司、袁某与中国人民财产保险股份有限公司赣州市分公司保险合同纠纷案（2008 年，中国江西省赣州市中级人民法院）

◎ 中航长城工程建设有限公司直属工程局申请撤销仲裁裁决案（2008 年，中国云南省昆明市中级人民法院）

◎ 佳思舞台设备（杭州）有限公司申请确认仲裁协议效力案（2007 年，中国北京市第二中级人民法院）

◎ 北京新辰正泰机电设备有限责任公司诉北京纵横环球科技股份有限公司买卖合同纠纷案（2008 年，中国北京市第一中级人民法院）

仲裁员数量

◎ *REPSOL Comercial de Productos Petrolíferos, SA v. ZAPARTE*（2007 年，西班牙最高法院）

胁迫

◎ *MAKRO S. A. v. FODEVA S. A.*（2006 年，厄瓜多尔最高法院）

◎ 昆明德亨房地产开发经营有限公司与昆明美丽园装饰工程有限公司工程施工合同纠纷案（2008 年，中国云南省昆明市中级人民法院）

受让

◎ *Spie Enertrans S/A v. Inepar S/A Indústria*（2007 年，巴西高等法院）

◎ 北京永筑机电设备安装有限公司与宿迁市宿城新区投资开发有限责任公司、北京城建建设工程有限公司债权转让合同纠纷案（2008 年，中国北京市第二中级人民法院）

◎ 孔某与平顶山平临高速公路有限责任公司建设工程施工合同纠纷案（2009 年，中国河南省平顶山市中级人民法院）

或裁或审

◎ 河南省天岚实业有限公司金融借款合同与中国工商银行股份有限公司郑州南阳路支行上诉纠纷案（2009 年，中国河南省郑州市中级人民法院）

仲裁条款独立性

◎ *Tanning Research Laboratories, Inc. v. Hawaiian Tropic de Venezuela, C. A.*（2006 年，委内瑞拉最高法院）

◎ 北京志华佳宜科技有限公司与北京高触广告传媒有限公司承揽合同纠纷案（2009 年，中国北京市朝阳区人民法院）

放弃异议

◎ 云天化集团有限责任公司与四川朝汇投资有限公司股权转让合同纠纷案（2007 年，中国云南省昆明市中级人民法院）

不能履行

◎ *Sucres et Denrees v. Salyvonkivsky Sugar Refinery*（2006 年，乌克兰基辅地区商事法院）

仲裁范围

◎ 广州 N 公司与广州 U 公司租赁合同争议仲裁案（2008 年，中国国际经济贸易仲裁委员会）

主合同和担保合同

◎ 中国 C 银行诉香港 H 先生案（2008 年，中国国际经济贸易仲裁委员会）

主合同和补充合同

◎ 香港欧亚科技公司申请执行仲裁裁决案（2007 年，中国最高人民法院）

◎ 河南汇银纺织有限公司申请撤销仲裁裁决案（2007 年，中国北京市第二中级人民法院）

◎ 昆明赛诺制药有限公司与昆明一建建设（集团）有限公司建设工程施工合同纠纷案（2009 年，中国云南省昆明市中级人民法院）

合同不存在

◎ *Islamic Republic of Pakistan v. Rizzani De Eccher S. p. a. & Bamca Intesa S. p. a.*（2007 年，意大利最高法院）

◎ 曾某与被申请人蒋某等租赁合同纠纷案（2009 年，中国湖南省株洲市中级人民法院）

法院地法

◎ *No. R. G. N* 2002/*AR*/867（2006 年，布鲁塞尔上诉法院）

◎妨诉效力

Porcelli, Daniel et al v. ABN AMRO Asset Management Arg. SG et al National

（2005 年，阿根廷商事上诉法庭）

原告在法院提起了针对被告的诉讼。被告提出抗辩，认为由于存在仲裁条款，故法院缺乏管辖权。一审法院作出了有利于原告的判决，支持了法院对该争议的管辖权。上诉法院推翻了一审法院的判决，认为尽管仲裁条款要严格解释，但在相关争议事项明显属于仲裁范围的情形下，应当采取仲裁方式解决争议。

河南省建安防水防腐工程有限公司与中国航空港建设总公司承揽合同纠纷案

（2008 年，中国北京市海淀区人民法院）

法院受理原告河南省建安防水防腐工程有限公司与被告中国航空港建设总公司承揽合同纠纷一案后，被告中国航空港建设总公司在答辩期间对管辖权提出异议，认为合同约定了仲裁条款，该公司与原告河南省建安防水防腐工程有限公司发生纠纷后应向合同约定的北京仲裁委员会申请仲裁，法院对此案无管辖权，故申请驳回原告河南省建安防水防腐工程有限公司的起诉，将本案移送至北京仲裁委员会仲裁。

经审查，法院认为原告河南省建安防水防腐工程有限公司与被告中国航空港建设总公司签订的合同中约定了仲裁条款，该约定合法有效，且双方在发生纠纷后也未达成由法院审理的协议，故此案不应由法院受理，原告河南省建安防水防腐工程有限公司的起诉应予驳回。

北京华德液压工业集团有限责任公司与武汉融电科技有限公司承揽合同纠纷案

（2009 年，中国北京市大兴区人民法院）

北京市大兴区人民法院受理原告北京华德液压工业集团有限责任公司（以下简称“华德公司”）与被告武汉融电科技有限公司（以下简称“融电公司”）承揽合同纠纷一案后，被告融电公司在提交答辩状期间对管辖权提出异议，认为被告融电公司与原告华德公司签订的《吉林建龙冷轧连续酸洗机组项目出、入口液压站设备供货合同》、《唐山建龙连续酸洗机组项目入口步进梁液压站设备供货及安装合同》第 11 条均约定：“凡有关履行本合同所发生的一切争议，双方应通过友好协商解决，如协商不能达成一致意见时，则诉诸仲裁解决。仲裁在合同签字地武汉进行，由武汉仲裁机关主持进行”。被告融电公司认为原被告双方已约定仲裁条款，法院没有管辖权。

法院认为原告华德公司提供的与被告融电公司签订的《吉林建龙冷轧连续酸洗机组项目出、入口液压站设备供货合同》和《唐山建龙连续酸洗机组项目入口步进梁液压站设备供货及安装合同》两份合同中均约定的仲裁条款合法有效，根据《中华人民共和国仲裁法》第5条和最高人民法院《关于适用〈中华人民共和国仲裁法〉若干问题意见的解释》第6条之规定，法院没有管辖权。据此，法院裁定驳回原告北京华德液压工业集团有限责任公司的起诉。

北京利普森科技有限公司与北京西贝餐饮管理有限公司其他合同纠纷案

（2009年，中国北京市丰台区人民法院）

北京市丰台区人民法院受理原告北京利普森科技有限公司与被告北京西贝餐饮管理有限公司其他合同纠纷一案后，被告北京西贝餐饮管理有限公司在提交答辩状期间对管辖权提出异议，认为双方转让协议第5条约定："如协议履行过程中发生争议，提交北京仲裁委员会仲裁"，故双方的纠纷应通过仲裁解决，丰台法院没有管辖权，要求法院驳回原告起诉。

经审查，法院认为：北京利普森科技有限公司与北京西贝餐饮管理有限公司在转让协议中约定了仲裁条款，双方因转让协议发生的纠纷，应通过仲裁方式解决，法院对此案没有管辖权。故法院裁定驳回原告北京利普森科技有限公司的起诉。

刘某与河南佳田公司买卖合同纠纷案

（2009年，中国河南省平顶山市中级人民法院）

上诉人刘某因与被上诉人河南佳田实业集团有限公司（原平顶山市佳田房地产开发有限公司以下简称"佳田公司"）、原审第三人中国建设银行股份有限公司平顶山分行（以下简称"建行"）房屋买卖合同纠纷一案，不服平顶山市卫东区人民法院（2008）卫民初字第814号民事裁定，提起上诉。原审查明，原告刘某与被告佳田公司于2004年12月27日签订商品房买卖合同后，又于2005年8月30日重新签订一份商品房买卖合同，两份合同中均约定发生纠纷后以仲裁方式解决，且2005年8月30日的合同中约定发生纠纷提交平顶山仲裁委员会仲裁。但原告在起诉时未向法院声明有仲裁协议，而法院受理后被告在开庭前提交了仲裁协议。原审法院根据《中华人民共和国仲裁法》第26条"当事人达成仲裁协议，一方向人民法院起诉未声明有仲裁协议，人民法院受理后，另一方在首次开庭前提交仲裁协议的，人民法院应当驳回起诉，但仲裁协议无效的除外；另一方在首次开庭前未对人民法院受理该案提出异议的，视为放弃仲裁协议，人民法院应当继续审理”的规定，裁定驳回原告刘某的起诉。

刘某不服原审判决，提起上诉，请求：撤销原审裁定，发回重审。事实与理由：（1）一审法院认定事实错误，双方不存在仲裁协议。2004 年 12 月 27 日，双方签订的商品房买卖合同中虽约定了仲裁条款，但选定的仲裁委员会不存在，该条款应无效。（2）2005 年 8 月 30 日双方签订的商品房买卖合同，是被上诉人利用空白合同欺骗上诉人签名后补盖的，且该合同仅供备案使用，不应作为处理双方权利、义务的依据。

法院认为，2004 年 12 月 27 日刘某与佳田公司签订一份商品房买卖合同，就该同一标的物，双方又于 2005 年 8 月 30 日重新签订一份编号为 003643 的商品房买卖合同，以上两份商品房买卖合同均约定有争议仲裁条款，并在编号为 003643 的合同中明确约定合同履行过程中发生争议由平顶山仲裁委员会仲裁解决，刘某某签字认可，该合同已生效并得到履行，应当认定双方已选定了仲裁机构，该合同的仲裁条款应为有效，一审依法驳回刘某的起诉并无不妥，故裁定驳回上诉，维持原审裁定。

◎仲裁机构的约定

北京新辰正泰机电设备有限责任公司
与北京纵横环球科技股份
有限公司买卖合同纠纷案

（2008 年，中国北京市第一中级人民法院）

一审法院经审理查明，纵横环球公司与新辰正泰公司分别于 2006 年 9 月 10 日、2006 年 11 月 17 日签订工矿产品购销合同，由纵横环球公司为新辰正泰公司提供高杆灯、双臂路灯、中杆灯等货物，该两份合同的总标的为 184 115 元。纵横环球公司依合同履行了供货义务，新辰正泰公司分别于 2006 年 9 月 25 日支付货款 41 434.5 元、于 2006 年 11 月 10 日支付货款 50 000 元、于 2006 年 11 月 27 日支付货款 13 800 元，于 2007 年 11 月 17 日支付货款 30 000 元，新辰正泰公司尚欠货款 48 880.5 元。一审法院认为纵横环球公司依约向新辰正泰公司供应所需货物，新辰正泰公司亦应及时给付相应货款，本案焦点在于新辰正泰公司实际支付货款的数额。经纵横环球公司核实，新辰正泰公司确曾于2007年11月17日又支付货款30 000元，并于2007年11月19日实际到账。故新辰正泰公司尚欠货款48 880.5元。新辰正泰公司应在剩余货款48 880.5元的范围内承担给付货款的责任。新辰正泰公司关于其公司总经理张某与纵横环球公司董事长王某就余款支付问题曾达成口头协议的答辩意见，因其未向法院提供充分证据予以证明，法院不予采信。据此，法院依照《中华人民共和国合同法》第109条之规定，判决：（1）北京新辰正泰机电设备有限责任公司给付北京纵横环球科技股份有限公司货款人民币48 880.5元（于本判决生效后10日内付清）；（2）驳回北京纵横环球科技股份有限公司的其他诉讼请求。

上诉人新辰正泰公司不服一审判决，向法院提起上诉，要求：（1）撤销原判；（2）诉讼费由纵横环球公司负担。其主要上诉事实与理由之一为一审法院没有管辖权。新辰正泰公司在一审开庭伊始即提请法庭注意，在纵横环球公司提供的证据（即双方签订的《工矿产品购销合同》）中明确约定，如果发生纠纷交由北京仲裁委仲裁。但是一审法院却以仲裁条款约定不明为由，未采纳新辰正泰公司的意见。新辰正泰公司认为，首先，双方选用的合同是格式合同，该合同已对纠纷的解决方法进行了表述，当事人双方只需选择；其次，根据最高人民法院《关于适用〈中华人民共和国仲裁法〉若干问题的解释》第3条的规定，“仲裁协议约定的仲裁机构不准确，但能确定具体的仲裁机构的，应当认定选定了的仲裁机构。”由此可见，双方在签订合同之时所选定的解决纠纷方式是明确的，是双方的真实意思表示，根据法律的规定也是可以确定的。一审法院驳回了新辰正泰公司的合理意见，属程序违法。

关于管辖问题，法院认为：《中华人民共和国仲裁法》第5条规定“当事人达成仲裁协议，一方向人民法院起诉的，人民法院不予受理，但仲裁协议无效的除外”，第18条规定“仲裁协议对仲裁事项或仲裁委员会没有约定或约定不明确的，当事人可以补充协议，达不成补充协议，仲裁协议无效。”纵横环球公司与新辰正泰公司签订的《工矿产品购销合同》中约定“本合同项下发生的争议，由双方当事人协商解决，协商不成的，提交当地仲裁委员会仲裁”，因北京市的仲裁委员会不只一家，故上述仲裁条款约定不明确，且当事人未订立仲裁补充协议，故纵横环球公司与新辰正泰公司签订的《工矿产品购销合同》中约定的仲裁条款无效，本案应由人民法院审理。

赣州市宏达汽车运输有限公司、袁某与中国人民财产保险股份有限公司赣州市分公司保险合同纠纷案

（2008年，中国江西省赣州市中级人民法院）

本案当事人双方在签订机动车辆保险合同时，对出现保险争议明确选择了仲裁的处理方式，并为此特别约定提交南昌仲裁委员会仲裁。虽然该约定对所选择的仲裁机构名称是“南昌市”还是“南昌县”，表述不够准确，但是，根据最高人民法院《关于适用〈中华人民共和国仲裁法〉若干问题的解释》第3条“仲裁协议约定的仲裁机构名称不准确，但能够确定具体的仲裁机构的，应当认定选定了仲裁机构”的规定以及上诉人在上诉理由中已经阐明，只有“南昌市仲裁委员会”，“南昌仲裁委员会”、“南昌县仲裁委员会”均是不存在的。可以确定双方约定的仲裁机构应当是“南昌市仲裁委员会”，该约定合法有效。因此，一审法院根据《中华人民共和国仲裁法》第26条规定，尊重当事人双方签订合同时的意思表示，裁定驳回赣州市宏达汽车运输有限公司、袁某的起诉，程序合法，适用法律正确，上诉法院予以维持。

中航长城工程建设有限公司直属工程局申请撤销仲裁裁决案

（2008年，中国云南省昆明市中级人民法院）

本案双方在《工程机械经营租赁合同》中约定：“凡因履行本合同所发生的或与本合同有关的一切争议，甲乙双方应通过友好协商解决；如果协商不能解决，应提交仲裁委员会，根据仲裁的有关程序进行仲裁裁决。”申请人中航长城工程建设有限公司直属工程局申请称，由于双方当事人在《工程机械经营租赁合同》中约定的内容，事后双方没有对确定具体的仲裁委员会达成补充协议，申请人据此认为双方的仲裁协议约定不明，并向仲裁委提出了异议，即根据法律的规定，本案争议的仲裁协议依法属于约定不明，系无效仲裁协议，昆明仲裁委员会无权管辖本案，故申请人民法院撤销昆明仲裁委员会裁决。

法院认为：根据《中华人民共和国仲裁法》第58条的规定，当事人提交证据证明裁决具有第58条规定的可以撤销裁决的情形，法院应当撤销。上述仲裁

协议不能表明双方明确约定了仲裁机构，也不符合《最高人民法院关于适用〈中华人民共和国仲裁法〉若干问题的解释》第3条“仲裁协议约定的仲裁机构名称不准确”及第6条“仲裁协议约定由某地的仲裁机构仲裁且该地仅有一个仲裁机构的”规定的情形，在申请人认为仲裁机构不明确的情况下，被申请人未提交证据证明双方在签订合同时约定了仲裁机构及事后达成了选定仲裁机构的一致意见的事实，在此情况下，根据《仲裁法》第18条“仲裁协议对仲裁事项或者仲裁委员会没有约定或者约定不明确的，当事人可以补充协议；达不成补充协议的，仲裁协议无效”的规定，双方合同中约定的“凡因履行本合同所发生的或与本合同有关的一切争议，甲乙双方应通过友好协商解决；如果协商不能解决，应提交仲裁委员会，根据仲裁的有关程序进行仲裁裁决”的仲裁条款应属无效。根据《最高人民法院关于适用〈中华人民共和国仲裁法〉若干问题的解释》第18条“仲裁法第五十八条第一款第一项规定的‘没有仲裁协议’是指当事人没有达成仲裁协议。仲裁协议无效或者被撤销的，视为没有仲裁协议”的规定及第27条第2款的规定，虽仲裁机构作出过仲裁协议效力的决定，但申请人申请撤销裁决的理由符合《仲裁法》第58条的规定，其申请撤销的理由成立。

佳思舞台设备（杭州）有限公司申请确认仲裁协议效力案
（2007年，中国北京市第二中级人民法院）

佳思舞台设备（杭州）有限公司认为，合同中的仲裁条款均属于无效仲裁协议，理由如下：

首先，武汉机械制作合同第19.2条、武汉机械安装合同第19.2条、武汉电气安装合同第19.2条均约定：“19.1条款下的任何争端都由北京中国国际经济贸易仲裁委员会依据其仲裁程序解决，或者在瑞典首都斯德哥尔摩由斯德哥尔摩商会仲裁协会解决”。因“北京中国国际经济贸易仲裁委员会”是不存在的，故双方对仲裁委员会的约定是不明确的，故双方约定的仲裁条款应属于无效。

其次，武汉电气采购合同第11条约定：本合同在执行中如发生争议或纠纷，双方应协商解决，解决不了时，按以下第（1）项处理：（1）申请仲裁机构仲裁；（2）向人民法院起诉。因双方没有确定仲裁机构，故该仲裁条款应属于无效。

经审查，法院认为：

首先，依照最高人民法院《关于适用〈中华人民共和国仲裁法〉若干问题的解释》第3条规定：“仲裁协议约定的仲裁机构名称不准确，但能够确定具体的仲裁机构的，应当认定选定了仲裁机构。”虽然双方约定的仲裁机构名称“北京中国国际经济贸易仲裁委员会”不准确，但能够确定为中国国际经济贸易仲裁委员会，故应当认定双方选定了中国国际经济贸易仲裁委员会作为仲裁机构。由于双方在仲裁条款中还同时选定了斯德哥尔摩商会仲裁协会作为仲裁机构，故双方应协议从中选择一个仲裁机构申请仲裁。本案中，双方未能就选择仲裁机构协商一致。因此，依照最高人民法院《关于适用〈中华人民共和国仲裁法〉若干问题的解释》第5条“仲裁协议约定两个以上仲裁机构的，当事人可以协议选择其中的一个仲裁机构申请仲裁；当事人不能就仲裁机构选择达成一致的，仲裁协议无效”的规定，武汉机械制作合同、武汉机械安装合同及武汉电气安装合同中的仲裁条款无效。

其次，关于武汉电气采购合同中仲裁条款的效力问题。该仲裁条款中未约定具体的仲裁委员会，双方又未能就仲裁委员会达成补充协议，因此依照《仲裁法》第18条“仲裁协议对仲裁事项或者仲裁委员会没有约定或者约定不明确的，当事人可以补充协议；达不成补充协议的，仲裁协议无效”的规定，武汉电气采购合同中的仲裁条款无效。

北京新辰正泰机电设备有限责任公司
诉北京纵横环球科技股份
有限公司买卖合同纠纷案

（2008年，中国北京市第一中级人民法院）

本案中的仲裁条款约定：“本合同项下发生的争议，由双方当事人协商解决，协商不成的，提交当地仲裁委员会仲裁。”法院认为，因北京市的仲裁委员会不只一家，故上述仲裁条款约定不明确，且当事人未订立仲裁补充协议，故纵横环球公司与新辰正泰公司签订的《工矿产品购销合同》中约定的仲裁条款无效，本案应由人民法院审理。

◎仲裁员数量

REPSOL Comercial de Productos Petrolíferos, SA v. ZAPARTE

（2007年，西班牙最高法院）

原告针对被告就买卖石油合同下的未支付余额向 Toledo 省的 Illescas 一审法

院提起诉讼。被告辩称双方已经签订了仲裁协议，一审法院没有管辖权审理该案件。但法院作出了有利于原告的判决并要求被告支付请求的款项。被告向 Toledo 省的上诉法院就一审法院作出的判决提起上诉，理由为下级法院没有考虑到它没有管辖权。上诉法院支持了被告的理由并撤销了一审的判决。原告向西班牙最高法院就上诉法院的裁定提起诉讼，理由在于：（1）尽管被告认为一审法院没有管辖权，但他们在争议的实体上提出答辩意见，因此放弃了仲裁的权利；（2）仲裁条款是无效的，因为它约定仅仅任命两名仲裁员，这与在 1988 年 12 月 5 日生效的《西班牙仲裁法》第 13 条的规定是不一致的，该条规定争议由奇数的仲裁员审理（相同的条款可以在 2003 年仲裁法找到）。

关于第一个理由，最高法院认为缺乏管辖权可以与实体诉求的答辩一起提出。至于第二个上诉理由，既没有在一审法院中提出也没有在上诉法院中提出，因此也驳回了这个理由。同时，最高院认为，尽管 1988 年《西班牙仲裁法》第 13 条要求仲裁庭由奇数仲裁员组成，仲裁条款规定的仅由两名仲裁员组成并不能使仲裁条款无效。当事人可以达成一个补充协议以修改仲裁条款，即使在当事人没有达成补充条款的案件中，也适用 1988 年《西班牙仲裁法》第 13 条的规定，由 3 人组成仲裁庭。

◎胁迫

MAKRO S. A. v. FODEVA S. A.

（2006 年，厄瓜多尔最高法院）

原告 MAKRO 的法人代表 Alvaro Jaramillo 执行由 FODEVASA 作为受托人的信托，以确保前任管理者 Banco del Azuay 的责任。信托协议包含仲裁条款。新任的 MAKROS 法人代表提出该信托协议是在被胁迫下执行的，并且它被“非法的原因”和“非法的目的”所破坏。他代表公司提起了针对 FODEVASA 和 AGD 诉讼。一审法院同意原告应该受仲裁条款约束，并且依据《仲裁和调解法》第 7 和第 8 条，原告应该向仲裁庭提起无效之诉。

原告针对这个裁定提出了上诉。2004 年 9 月 4 日，瓜亚基尔高等法院肯定了 8 名法官的裁定，原告又向最高法院提出上诉。依据最高法院民事和商事第三庭的意见，否定了一审法院和高等法院的认定。法院指出尽管一审裁定是终局性的，但并不是绝对的，因为它允许有争议的事实通过仲裁解决且法院不得对它作出判决。

昆明德亨房地产开发经营有限公司与昆明美丽园装饰工程有限公司工程施工合同纠纷案

（2008 年，中国云南省昆明市中级人民法院）

申请人德亨公司申请称：（1）申请人与被申请人于 2006 年 3 月 17 日签订的《工程施工合同》第 37 条第 2 款约定不明确，该条款只约定了仲裁的地点是昆明市，但并没有明确约定仲裁委员会的名称。（2）因为双方签订的《工程施工合同》是以美丽园公司垫资为前提，所以德亨公司选择仲裁条款是被迫无奈，依据《仲裁法》第 17 条 3 款的规定应当为无效仲裁条款。故依据《仲裁法》第 20 条的规定，申请人请求法院确认双方签订的《工程施工合同》中的仲裁条款无效。

经审理，法院认为：（1）根据《仲裁法》第 16 条“仲裁协议包括合同中订立的仲裁条款和以其他书面方式在纠纷发生前或者纠纷发生后达成请求仲裁的协议。仲裁协议应当具有下列内容：请求仲裁的意思表示；仲裁事项；选定的仲裁委员会。”的规定，申请人德亨公司与被申请人美丽园公司于 2006 年 3 月 17 日签订的《工程施工合同》，其中第 37 条争议的第 2 款明确载明“采取第 1 种方式解决未果的，可向昆明市仲裁委员会提请仲裁，在仲裁期间不得停工”的内容，双方当事人在约定中有请求仲裁的意思表示。而对仲裁委员会的选定，双方当事人约定为“昆明市仲裁委员会”，因昆明本地的仲裁机构只有昆明仲裁委员会，故双方选定的仲裁机构是明确的，即为昆明仲裁委员会。现申请人认为并非其真实意思表示，明显违背诚实信用的原则，故该理由不能成立。（2）申请人德亨公司对其是基于被申请人垫资才被迫签订《工程施工合同》并选择仲裁条款的意见，并未向法庭提交法律规定的符合仲裁协议无效的“一方采取胁迫手段，迫使对方订立仲裁协议”的情形的相关证据。申请人认为仲裁条款无效的理由，没有事实依据，故申请人申请确认仲裁条款无效的请求，法院不予支持。

◎受让

Spie Enertrans S/A v. Inepar S/A Indústria

（2007 年，巴西高等法院）

争议涉及原告 Spie Enertrans S/A 与 Sade Vigesa 以及埃塞俄比亚电力局签订

的在埃塞俄比亚修建一条电力输送线的联营协议。Sade Vigesa 是为被告 Inepar 所接管了的企业。原告请求承认 ICC 裁决。被告抗辩仲裁条款对他没有效力，并称仲裁条款是在《巴西仲裁法》生效前执行的，因此仲裁裁决应在向高等法院要求承认之前在仲裁所在地法院要求承认（双重承认程序）。另外，被告主张其已经接管了 Sade Vigesa，因为仲裁条款不能被转让，因此仲裁条款对其是不能适用的，而且，仲裁裁决违反了巴西的公共利益。

巴西高等法院驳回被告的所有主张，承认了仲裁裁决。法院认为 Inepar 确实援引了仲裁条款并参与了仲裁程序。而双重承认程序依据《巴西仲裁法》第 35 条和《纽约公约》是不能适用的。Inepar 在接管 Sade Vigesa 后应承担 Sade Vigesa 在联营协议中的义务和权利。

北京永筑机电设备安装有限公司与宿迁市宿城新区投资开发有限责任公司、北京城建建设工程有限公司债权转让合同纠纷案

（2008 年，中国北京市第二中级人民法院）

原告北京永筑机电设备安装有限公司（以下简称永筑公司）与被告宿迁市宿城新区投资开发有限责任公司（以下简称“宿城公司”）、被告北京城建建设工程有限公司（以下简称“城建公司”）就债权转让合同产生纠纷进行诉讼。被告宿城公司在答辩期内对本案管辖权提出异议，认为：首先城建公司转让给永筑公司的债权是城建公司与宿城公司签订的《建设工程施工合同》项下的工程款，《建设工程施工合同》中约定的解决争议的方式为，因履行合同发生的争议，由双方当事人协商解决，协商不成的，按下列两种方式解决：（1）提交宿迁市仲裁委员会仲裁；（2）依法向人民法院起诉。故关于工程款的纠纷，应提交宿迁市仲裁委员会仲裁，而不能向法院起诉。其次，城建公司与宿城公司的工程款尚在审计阶段，债权数额未确定。城建公司将不确定的债权转让给永筑公司，该债权转让行为不能成立。最后如果债权转让成立，永筑公司既然按债权转让纠纷起诉宿城公司，就不应再起诉城建公司，永筑公司在债权转让纠纷中同时起诉债务人宿城公司和债权转让人城建公司，存在矛盾，城建公司不应成为本案被告。即使法院对本案有管辖权，本案亦应由被告宿城公司住所地的人民法院管辖。综上，宿城公司请求法院裁定驳回永筑公司的起诉或将本案移送至江苏省宿迁市中级人民法院管辖。

经审查，法院认为：本案中，永筑公司主张其依据《债权转让合同》受让了城建公司对宿城公司享有的工程款债权，起诉要求宿城公司向其承担还款责任，并要求城建公司承担连带还款责任。根据《债权转让合同》的约定，城建公司转让给永筑公司的债权是宿城公司拖欠的关于“三路三桥市政工程”（即洪泽湖西路、红海路、东海路、西楚桥、南海桥、清水河桥）的工程款。而宿城公司与城建公司就前述工程签订的建设工程施工合同中约定，“本合同在履行过程中发生的争议，由双方当事人协商解决，协商不成的按下列两种方式解决：（一）提交宿迁市仲裁委员会仲裁；（二）依法向人民法院起诉。”该约定系仲裁条款。现永筑公司与宿城公司对该仲裁条款的效力有争议，而对仲裁协议效力的异议，当事人应依据《中华人民共和国仲裁法》以及《最高人民法院关于适用〈中华人民共和国仲裁法〉若干问题的解释》的规定，向有权受理的机构申请确认。在本案中的仲裁条款未经法定程序被确认无效之前，人民法院对本案不予受理。

孔某与平顶山平临高速公路有限责任公司建设工程施工合同纠纷案

（2009 年，中国河南省平顶山市中级人民法院）

原告孔某与被告平顶山平临高速公路有限责任公司（以下称“平临高速公路公司”）建设工程施工合同纠纷一案，被告平临高速公路公司辩称，新城建设公司与平临高速公路公司已约定了仲裁管辖。虽然新城建设公司将债权转让给了原告，但根据法律规定，合同的变更、解除、终止，不影响合同中有关解决争议方法的条款的效力，该仲裁条款对原告同样具有约束力。因此，平顶山市中级人民法院对本案不具有管辖权，依法应驳回原告孔某的起诉。

河南省平顶山市中级人民法院经审查认为，新城建设公司与被告平临高速公路公司的《合同协议书》及构成文件中已约定了解决争议的仲裁条款。该约定不违反法律规定，应为有效。新城建设公司虽然将对平临高速公路公司的债权转让给了原告孔某某，但根据最高人民法院《关于适用〈中华人民共和国仲裁法〉若干问题的解释》第 9 条的规定，债权债务全部或者部分转让的，仲裁协议对受让人有效，但当事人另有约定、在受让债权债务时受让人明确反对或者不知有单独仲裁协议的除外。本案原告孔某在受让债权时无上述但书规定的情形。故新城建设公司与平临高速公路公司约定的仲裁条款对原告孔某仍具有约束力，该院对本案无权受理。综上，被告平临高速公路公司对法院管辖提出的异议成立，该院予以采纳。

◎或裁或审

河南省天岚实业有限公司金融借款合同与中国工商银行股份有限公司郑州南阳路支行上诉纠纷案

（2009年，中国河南省郑州市中级人民法院）

上诉人河南省天岚实业有限公司因金融借款合同纠纷一案，不服河南省郑州市惠济区人民法院（2008）惠民二初字第250号民事裁定。向法院提出上诉称，中国工商银行股份有限公司郑州南阳路支行诉上诉人及李某借款一案，郑州市惠济区法院已立案受理。但本案的被告住所地均不在惠济区。根据有关规定，本案应由被告住所地法院管辖，上诉人住所地在郑州市金水区，故本案应由郑州市金水区人民法院管辖，但原审法院以合同履行地为中国工商银行股份有限公司郑州南阳路支行所在地确定管辖不当。请求二审法院撤销原审裁定，依法将本案移送河南省郑州市金水区人民法院审理。

法院经审查认为，中国工商银行股份有限公司郑州南阳路支行与李某个人购房借款合同第42条约定："本合同履行中发生纠纷，合同各方应协商解决，协商不成的可选择下列方式解决：（一）向贷款人所在地仲裁机构提起仲裁；（二）向贷款人所在地人民法院提起诉讼。"根据《最高人民法院关于使用〈中华人民共和国仲裁法〉若干问题的解释》第7条的规定，当事人约定争议可以向仲裁机构申请仲裁也可以向人民法院起诉的，仲裁协议无效。故本案根据约定，应由贷款人所在地人民法院管辖，中国工商银行股份有限公司郑州南阳路支行作为贷款人其住所地在原审法院辖区，原审法院对本案有管辖权。故原审裁定处理正确，予以维持；上诉人上诉理由不能成立，不予支持。

◎仲裁条款独立性

Tanning Research Laboratories, *Inc.* *v.* *Hawaiian Tropic de Venezuela*, *C. A.*

（2006年，委内瑞拉最高法院）

原告 Tanning Research Laboratories 作为许可人，被告 Hawaiian Tropic de

Venezuela, C. A. 作为被许可人，双方达成了许可协议，该协议包含有仲裁条款。后双方发生争议，原告向法院提起了针对被告的诉讼，主张获得滥用商标的赔偿。被告称委内瑞拉法院缺乏管辖权并要求法院将案件转交仲裁庭。原告称合同终止导致仲裁条款无效。

卡拉卡斯一审法院适用了《纽约公约》、《巴拿马公约》以及《委内瑞拉商事仲裁法》，并宣布它缺乏管辖权，并让当事人提交仲裁。原告向最高法院就一审法院的裁定提出异议。最高法院裁定因为合同已被终止，故仲裁条款是不能适用的。

北京志华佳宜科技有限公司与北京高触广告传媒有限公司承揽合同纠纷案

（2009 年，中国北京市朝阳区人民法院）

原告北京志华佳宜科技有限公司（以下简称志华公司）与被告北京高触广告传媒有限公司（以下简称高触公司）承揽合同纠纷一案，北京市朝阳区人民法院依法进行了审理。高触公司在开庭前提出异议称：2007 年 12 月，双方签订《机场大屏幕媒体租赁合同》明确约定因合同引起的任何争议，均提请北京仲裁委员会按照该会仲裁规则进行仲裁。2009 年 1 月 19 日，双方就解除《机场大屏幕媒体租赁合同》达成了《解除有关合同的协议》。根据《中华人民共和国合同法》第 57 条和《中华人民共和国仲裁法》第 26 条的规定，高触公司认为志华公司应向北京仲裁委员会申请仲裁，而不应当向该院提起诉讼。

经审查，该院认为根据仲裁法律相关规定，仲裁协议独立存在，合同的变更、解除、终止或者无效，不影响仲裁协议的效力。现志华公司起诉所依据的《解除有关合同的协议》，系双方当事人就解除 2007 年 12 月签订的《机场大屏幕媒体租赁合同》所达成的协议，不影响《机场大屏幕媒体租赁合同》仲裁协议的效力。根据双方当事人在《机场大屏幕媒体租赁合同》中约定的“因本合同引起的或与本合同有关的任何争议，均提请北京仲裁委员会按照该会仲裁规则进行仲裁”的条款，志华公司应将本案提请北京仲裁委员会进行仲裁。高触公司关于志华公司应向北京仲裁委员会申请仲裁的理由成立，法院予以采纳，故依法裁定驳回原告北京志华佳宜科技有限公司的起诉。

◎放弃异议

云天化集团有限责任公司与四川朝汇投资有限公司股权转让合同纠纷案

（2007 年，中国云南省昆明市中级人民法院）

原、被告于 2003 年 1 月 8 日签订《股权转让合同》，约定原告受让被告 20% 的股权，转股时被告的注册资本金为人民币 1 000 万元，因此原告应支付的股权转让款为 200 万元，但原告实际支付了 1 000 万元，多支付股权转让款 800 万元。同日，双方还签订《质押合同》，约定被告用其在江油市朝汇农业科技开发有限公司所持有的 70% 的股权作为质押。对该《质押合同》双方在云南省第二公证处进行了公证，但未将股权出质事由登记于江油市朝汇农业科技开发有限公司的股东名册中。2005 年 3 月 11 日，双方又签订《借款协议》约定，原告因《股权转让合同》多支付的 800 万元作为对被告的借款，被告应于 2005 年 6 月 30 日前向原告归还该借款及利息。若被告不按时还款则按每日 0.5% 支付违约金。同日双方还签订《〈股权转让合同补充协议〉的补充协议》，再次明确了支付的 1 000 万元股权转让款中的 800 万元转为借款。

被告未到庭应诉，也未提交书面答辩状，放弃了其答辩的权利。

就有关管辖问题，法院认为《借款协议》第 6 条约定“本协议履行发生争议时，由甲乙双方（即原、被告双方）共同协商解决；如协商不成，提交昆明仲裁委员会仲裁解决”。依据《中华人民共和国仲裁法》第 26 条之规定“当事人达成仲裁协议，一方向人民法院起诉未声明有仲裁协议，人民法院受理后，另一方在首次开庭前提交仲裁协议的，人民法院应当驳回起诉，但仲裁协议无效的除外；另一方在首次开庭前未对人民法院受理该案提出异议的，视为放弃仲裁协议，人民法院应当继续审理。”又依据《最高人民法院关于适用〈中华人民共和国仲裁法〉若干问题的解释》第 3 条之规定“仲裁协议约定的仲裁机构名称不准确，但能够确定具体的仲裁机构的，应当认定选定了仲裁机构”。故本案中双方约定的仲裁条款有效，但由于被告在首次开庭前未对人民法院受理该案提出异议，故法院有权依法审理本案。

◎不能履行

Sucres et Denrees v. Salyvonkivsky Sugar Refinery

（2006年，乌克兰基辅地区商事法院）

Sucres et Denrées 股份公司向基辅商事法院提起了针对 Salyvonkivsky Sugar Refinery 股份公司的诉讼，争议涉及农用设备租赁合同下的债务补偿。法院认为，合同中的仲裁条款规定当事人将争议提交到斯德哥尔摩商会的仲裁机构，但当事人将仲裁机构的名称弄错了（在斯德哥尔摩市的仲裁庭），意味着他们将争议提交到一个不存在的仲裁庭。法院认为依据《承认和执行外国仲裁裁决的公约》第2条和《欧洲国际商事仲裁公约》第6条，上述事实构成法院开始诉讼程序和审理案件的理由。法院还考虑了合同的附件7，该附件包含了一项仲裁条款，要求当事人将争议提交给伦敦糖协会并遵守其仲裁规则。法院分析了附件7并认为附件中的仲裁条款不能适用，仲裁条款并不符合仲裁规则所规定的形式，也没有规定适用英国法或依据英国法解决争议。另外，无论是合同还是附件7都没有指出合同是在英国达成的，或当事人同意将合同认为是在英国签订，或者履行地是在英国，这是与所涉《仲裁规则》的第408条相违背的。并且，附件7并不是由所有的合同当事人签订的，这也不符合合同第31条。因此，依据《乌克兰国际商事仲裁法》第8条，法院宣布合同中和附件7中的仲裁条款是不能履行的，因此受理了该案。

◎仲裁范围

广州*N*公司与广州*U*公司租赁合同争议仲裁案

（2008年，中国国际经济贸易仲裁委员会）

2005年8月25日，作为出租方的申请人与作为承租方的被申请人签订了租赁合同。租赁合同第1条约定租赁物名称为“某某厂房”，租赁物包括“厂房和厂房所占土地及附属土地”。第15条约定：“本合同中未作规定的事项，如有必要，双方进行协商后，以补充合同的形式制作本合同的补充文件。补充文件与本合同具有同等法律效力。”第17条约定：“针对本合同发生争议或者纠纷时，由双方协商解决。协商不成时，提交中国国际经济贸易仲裁委员会（CIETAC）深圳分会仲裁，仲裁结果为终局结果。”2007 年 1 月 25 日，申请人与被申请人签订备忘录。备忘录第 1 条约定：“关于厂房租金、园区管理费、附加设施租金、保安工资，根据双方在 2007 年 1 月 18 日会议中所达成的一致意见。上述四项租金和费用从 2006 年 10 月 1 日开始计算。”第 2 条约定：“宿舍租金从 2006 年 12 月 1 日起开始计算。计算租金的原则规定如下……”。第 4 条约定“根据以上双方同意的意见，被申请人从即日起支付附加设施租金和保安公司 2006 年 10 月，11 月，12 月和 2007 年 1 月……。宿舍租金已经支付至 2007 年 1 月份。”

被申请人在《仲裁管辖异议书》中称，申请人提出请求的其中两栋宿舍楼所涉争议，被申请人从来没有与申请人达成任何仲裁协议，且申请人也没有提供任何证据材料证实任何相关仲裁协议的存在。

仲裁委员会认为，根据租赁合同的约定，双方以仲裁方式解决租赁争议的意愿是明确的，仲裁机构明确，仲裁条款合法有效，申请人有权依据仲裁条款就与被申请人之间发生的租赁争议提交仲裁。

仲裁委员会认为，备忘录性质上是否属于租赁合同的补充文件、两栋宿舍楼所引起的争议是否属于本案仲裁管辖的范围以及申请人关于两栋宿舍楼的仲裁请求能否得到支持，应由仲裁庭经过实体审理后作出决定。

◎主合同和担保合同

中国 *C* 银行诉香港 *H* 先生案

（2008 年，中国国际经济贸易仲裁委员会）

2007 年 8 月 16 日，申请人作为乙方，番禺 A 公司作为甲方，双方签订《授信额度协议》。该协议第 16 条“争议的解决”约定：“凡因履行本协议所发生的或与本协议有关的一切争议、纠纷，双方可协商解决。协商不成的，任何一方可以采取如下第 1 种方式加以解决：1. 依法向乙方或者依照本协议行使权利义务的其他中国银行分支机构住所地的人民法院起诉”。

2007 年 8 月 17 日，申请人作为贷款人，A 公司作为借款人，双方签《借款合同》，由贷款人向借款人发放短期人民币资金贷款：人民币 1 亿 4 千万元整。该合同第 16 条“法律适用、争议解决及司法管辖”约定：“因履行本合同所发生的或与本合同有关的一切争议、纠纷，双方应协商解决。协商不成的，双方同意采取如下第（一）种方式加以解决：（一）依法直接向贷款人所在地人民法院起诉”。

2007 年 9 月 21 日至 10 月 30 日，申请人与 A 公司又分别签订了 3 份《银行承兑汇票承兑协议》。3 份协议的第 6 条约定：“在协议履行期间，如发生争议、纠纷，双方可协商解决。协商不能解决时，双方同意依法直接向承兑人所在地人民法院提起诉讼。”

2008 年 4 月 3 日，申请人作为债权人，被申请人作为保证人，双方签订了本案《最高额保证合同》。合同第 1 条约定：“本合同之主合同为：债权人（注：即本案申请人）与债务人（注：即 A 公司）之间自 2007 年 8 月 16 日起至 2008 年 12 月 31 日止所签署的借款、贸易融资、保函、资金业务及其他授信业务合同（统称‘单笔合同’），及其修订或补充，其中约定其属于本合同项下之主合同。”合同还约定由被申请人为申请人与 A 公司之间就上述主合同项下实际发生的债权提供担保责任；担保债权之最高本金余额为人民币 2 亿 1 千万元整；保证方式为连带责任保证。《最高额保证合同》第 9 条“法律适用与争议解决”约定：“凡因履行本合同而产生的一切争议、纠纷，双方可先通过协商解决。协商不成的，任何一方可以提交位于广东深圳的中国国际经济贸易仲裁委员会华南分会仲裁。在争议解决期间，若该争议不影响本合同其他条款的履行，则该其他条款应继续履行。”

2008 年 4 月 14 日至 5 月 15 日，申请人与 A 公司分别签订了 16 份《进口押汇申请书》，该 16 份申请书的第 6 条“担保”条款约定：“本申请书属于 H 先生（即被申请人）与贵行签订的《最高额保证合同》……项下的主合同，由其提供最高额担保。”

仲裁委员会审阅了涉案当事人签订的上述合同及提交的书面意见后认为，《最高额保证合同》所涉的主合同系指申请人与 A 公司之间自 2007 年 8 月 16 日起至 2008 年 12 月 31 日止所签署的借款、贸易融资、保函、资金业务及其他授信业务合同。根据本案申请人所提供的相关证据材料，仲裁委员会认为，该主合同应包括申请人与 A 公司所签订的上述《授信额度协议》、《借款合同》、16 份《进口押汇申请书》及 3 份《银行承兑汇票承兑协议》。被申请人所称的“主合同《借款合同》及主合同《授信额度协议》”实际上只是《最高额保证合同》所涉主合同的一部分。

至于被申请人提到的《借款合同》及《授信额度协议》中均约定争议应当提交法院审理的观点，仲裁委员会认为，《借款合同》及《授信额度协议》均系申请人与本仲裁案外第三人 A 公司所签订，其与本案申请人与被申请人签订的《最高额保证合同》在签约主体上是不同的，属不同的法律关系。申请人提请仲裁所依据的是《最高额保证合同》中的仲裁条款，本案审理的是该合同项下的连带保证责任争议，因此被申请人认为本案应提交法院审理的观点不能成立。

至于被申请人所引述的《最高人民法院关于〈适用中华人民共和国担保法〉若干问题的解释》第129条关于“主合同和担保合同发生纠纷提起诉讼的，应当根据主合同确定案件管辖。担保人承担连带责任的担保合同发生纠纷，债权人向担保人主张权利的，应当由担保人住所地的法院管辖。”的规定，仲裁委员会认为该条款实际指向的是在主合同与担保合同均约定诉讼，或是主合同约定诉讼而担保合同未约定争议解决方式的情况下，应当根据主合同来确定具体由哪个法院管辖的问题。因此，被申请人主张本案应由正在审理主合同的广州市P区人民法院审理的观点也不能成立，该条款的规定不能对抗担保合同项下当事人对于仲裁的特别约定。

据此，仲裁委员会认为，根据《仲裁法》第16条的规定，《最高额保证合同》第9条关于仲裁条款的约定是明确、有效的，双方当事人均应受该仲裁条款的约束。

◎主合同和补充合同

香港欧亚科技公司申请执行仲裁裁决案
（2007年，中国最高人民法院）

仲裁裁决最高人民法院
关于不予执行香港欧亚科技公司与新疆啤酒花股份有限公司
仲裁裁决一案的请示的复函

2007年11月28日　　　〔2006〕民四他字第48号

新疆维吾尔自治区高级人民法院：

你院〔2006〕新执监字第97号“关于不予执行香港欧亚科技公司与新疆啤酒花股份有限公司仲裁裁决一案的请示”收悉。经研究，答复如下：

据你院请示所附材料，申请人香港欧亚科技公司与被申请人新疆啤酒花股份有限公司为买卖啤酒花生产线进行磋商并一同检验设备后，因新疆啤酒花股份有限公司无进出口权，委托新疆农垦进出口公司代理进口。1996年10月19日，新疆农垦进出口公司与香港欧亚科技公司在乌鲁木齐市签订了96XK－1015HK合同（包括两个附件A和B），新疆啤酒花股份有限公司的副总经理在该合同的正本上签名确认。合同约定：本合同适用中国法律，如双方不能协商解决争议，则通过仲裁解决，仲裁地点将在香港。1997 年 12 月 1 日，新疆啤酒花股份有限公司与香港欧亚科技公司签订了《关于对 1996 年 10 月 19 日乌鲁木齐签订的 96XK－1015HK 合同和附件 B 的修改协议》，双方在此修改协议中约定：修改协议是原合同的组成部分。之后，新疆啤酒花股份有限公司与香港欧亚科技公司发生争议，香港欧亚科技公司将争议提交仲裁。2001 年 6 月 24 日，香港国际仲裁中心作出最终裁决。香港欧亚科技公司向乌鲁木齐市中级人民法院申请执行该裁决后，新疆啤酒花股份有限公司以双方之间没有仲裁协议为由提出应不予执行上述仲裁裁决。

法院经审查认为，新疆啤酒花股份有限公司与香港欧亚科技公司在修改协议中明确约定了该修改协议是原合同的组成部分，而原合同中有仲裁条款。因此，原合同中的仲裁条款对新疆啤酒花股份有限公司和香港欧亚科技公司双方具有约束力，不应以新疆啤酒花股份有限公司和香港欧亚科技公司之间不存在仲裁协议为由拒绝执行香港国际仲裁中心于 2001 年 6 月 24 日就新疆啤酒花股份有限公司与香港欧亚科技公司间买卖纠纷作出的仲裁裁决。此外，依照《最高人民法院关于适用〈中华人民共和国仲裁法〉若干问题的解释》第 16 条和《最高人民法院关于内地与香港特别行政区相互执行仲裁裁决的安排》第 7 条第 1 款第 1 项，当事人未对仲裁协议的准据法作出约定但约定了仲裁地点的，适用仲裁地法律，即依据香港特别行政区法律确定上述仲裁条款的效力。被申请人未主张上述仲裁条款依照香港特别行政区法律应确定为无效，也未提出仲裁裁决有《最高人民法院关于内地与香港特别行政区相互执行仲裁裁决的安排》第 7 条第 1 款规定的其他情形，如又不具有第 2 款、第 3 款规定的情形，则上述裁决应予执行。

此复。

河南汇银纺织有限公司申请撤销仲裁裁决案

（2007 年，中国北京市第二中级人民法院）

汇银纺织申请称：首先，仲裁委对本案无管辖权。汇银纺织与河南世纪联华超市有限公司（以下简称世纪联华超市）于 2005 年 2 月 6 日签订一份《物业租赁合同》，约定：汇银纺织将位于河南省焦作市焦东北路 12 号的建筑物及室外广场出租给世纪联华超市，世纪联华超市向汇银纺织交纳定金人民币 300 万元。合同签订后，汇银纺织由于种种原因无法依约交付租赁物。2006 年 4 月 14 日，双方又签订一份《关于合同终止及其相关事宜的补充协议》（以下简称补充协议），约定：双方一致同意终止2005年2月6日签订的关于租赁汇银纺织位于焦作市焦东北路12号的建筑物及室外广场的《物业租赁合同》；由汇银纺织归还世纪联华超市定金人民币300万元。汇银纺织认为，双方已明确表示终止《物业租赁合同》，重新确定了双方的债权债务关系，故双方由原来的租赁关系转为借贷关系。现双方均应按补充协议履行，而补充协议中未约定仲裁条款，因此仲裁委无权受理本案。其次，仲裁裁决的内容违反了客观事实。汇银纺织在签订补充协议后向世纪联华超市归还了定金人民币20万元，尚欠定金人民币280万元。但仲裁庭对汇银纺织已还款的事实没有审查核实，故仲裁庭裁决汇银纺织双倍返还定金人民币600万元是错误的。

经审查，法院认为：首先，依据汇银纺织与世纪联华超市于2005年2月6日签订的《物业租赁合同》第12.1条约定："本合同在履行过程中发生争议，双方应友好协商解决，若双方仍协商不成的，任何一方均可向中国国际经济贸易仲裁委员会申请仲裁，以解决争议。"因此，汇银纺织与世纪联华约定的仲裁事项为双方基于《物业租赁合同》产生的纠纷，包括《物业租赁合同》的成立、履行、违约责任、解除等产生的纠纷。后双方因解除《物业租赁合同》而签订了补充协议，故双方因解除《物业租赁合同》所产生的纠纷可以认定为《物业租赁合同》所约定的仲裁事项。因此，汇银纺织提出仲裁委无权管辖的理由不能成立。其次，汇银纺织在法院审理过程中提出已归还定金人民币20万元的主张，但汇银纺织在仲裁过程中未提供已归还定金人民币20万元的证据，故应由负有举证责任的汇银纺织承担不利后果。综上，汇银纺织提出的撤销理由均不能成立，法院不予支持。

昆明赛诺制药有限公司与昆明一建建设（集团）有限公司建设工程施工合同纠纷案

（2009年，中国云南省昆明市中级人民法院）

申请人申请称：其与被申请人于2002年2月26日签订的《建设工程施工合同》第37条第（2）款约定"向昆明市仲裁委员会提请仲裁"，但双方于2002年4月12日签订的《合同补充协议》未约定仲裁条款，而昆明仲裁委员会却依据上述两合同一并作出了裁决书，故仲裁庭超范围仲裁，请求撤销昆明仲裁委员会的裁决书。

法院认为，双方于2002年2月26日签订的《建设工程施工合同》第4页第6项明确约定组成合同的文件包括了"本合同的专用条款"，而该合同专用条款

第47条第2项明确约定“双方签订的补充协议和工程廉政合同作为合同附件，与合同具有同等的法律效力”，且双方于2002年4月12日签订的《合同补充协议》第9条第2项也明确约定“本补充协议作为双方签订的《市一建司合字(2002) 5003号》建设工程施工合同的附件，与合同具有同等的法律效力”，故本案《合同补充协议》系《建设工程施工合同》的有效组成部分，如发生争议，亦应当适用该《建设工程施工合同》关于争议的解决方式。因此，申请人认为《合同补充协议》未约定仲裁条款、仲裁庭超范围仲裁的主张不成立，法院不予采信。据此，法院依法裁定驳回申请人撤销仲裁裁决的申请。

◎合同不存在

Islamic Republic of Pakistan v. Rizzani De Eccher S. p. a. & Bamca Intesa S. p. a.

（2007年，意大利最高法院）

原告巴基斯坦对该国某地区公路建设进行招标。被告Rizzani De Eccher S. p. a. 提交了一个有银行担保的投标，后中标。双方当事人开始协商合同，巴基斯坦要求该被告提供另一个担保，但被拒绝。双方产生争议。案件先后被提交给乌迪内一审法院和的里雅斯特上诉法院。在案件中，巴基斯坦都以合同中包含有仲裁条款为由主张意大利法院没有管辖权。上诉法院驳回了巴基斯坦的主张，认为当事人就担保还没有达成最终的协议，协商还在进行中，因此不存在最终的合同。当没有合同存在，法院不用考虑巴基斯坦提出的仲裁条款的自治原则，因为并不存在需要检验其效力和分别检验其条款的合同。最高法院肯定了上诉法院的判决。

曾某与被申请人蒋某等租赁合同纠纷案

（2009年，中国湖南省株洲市中级人民法院）

申请人曾某因与被申请人蒋某等租赁合同纠纷一案，不服株洲仲裁委员会于2009年6月15日作出的（2009）株仲裁字第17号裁决书，向湖南省株洲市中级人民法院申请撤销仲裁裁决。申请理由是：双方未达成任何租赁协议及仲裁协议。蒋某、蒋某某未开具租金发票，申请人因此拒付租金理由成立。申请人延付租金的行为未给被申请人造成任何损失，申请人要求被申请人按合同约定支付违约金 10 000 元明显过高。

该院经审查认为：申请人曾某作为承租人于 2007 年 8 月 10 日所签订的本案租赁合同明确了出租人为被申请人蒋某等，且在该租赁合同第 16 条明确约定了协议争议的解决方式为“协商调解不成提交株洲仲裁委员会仲裁”，故曾某提出双方未达成任何租赁协议与仲裁协议的理由与事实不符。曾某提出蒋某等未开具租金发票，申请人可以拒付租金及仲裁裁决的违约金过高的理由，均属仲裁裁决的实体处理内容，不属于《仲裁法》第 58 条所规定人民法院应当裁定撤销仲裁裁决的法定情形。故申请人曾某的申请理由均不成立，法院依法裁定驳回申请人曾某要求撤销仲裁裁决的申请。

◎法院地法

No. R. G. N 2002/*AR*/867

（2006 年，布鲁塞尔上诉法院）

一家意大利公司作为委托人，一家比利时公司作为经销商，双方签订了一份经销合同。合同规定比利时公司作为委托人的产品在比利时、法国和卢森堡唯一的经销商，并且合同第 6 条第 1 款规定，所有产生于或与合同终止有关的争议将最终依据《博洛纳商会仲裁规则》通过仲裁解决。合同第 2 条规定适用意大利法。后合同被终止，经销商向比利时尼维尔一审法院提起了诉讼。尼维尔法院宣布其有该案的管辖权。委托人向布鲁塞尔上诉法院提起上诉。

上诉法院依据《日内瓦公约》和《纽约公约》认为，决定着争议是否能通过仲裁解决应依据法院地法，而此案中法院地法是比利时法律。布鲁塞尔上诉法院指出 1961 年 7 月 27 日的比利时法律趋向于保护代理商，同时也保护私人利益。因此，1961 年比利时法律不能被认为是比利时法律体系里的公共政策文件，也不能被认为是国际公共政策文件。布鲁塞尔上诉法院认定仲裁条款是有效的，尼维尔上诉法院没有审理该案的管辖权。

专题二

仲裁主体

涉他合同

◎ 江西省某公司与香港某公司租赁经营协议争议仲裁案（2008 年，中国国际经济贸易仲裁委员会）

冒签协议

◎ 梅州某公司与深圳某公司还款协议书争议仲裁案（2008 年，中国国际经济贸易仲裁委员会）

合同签署人

◎ 承德县盛华服装有限公司申请确认仲裁协议效力案（2007 年，中国北京市第二中级人民法院）

属人管辖权

◎ *Maria Enrichetta Melzi Cargnani v. Pewag Austria, G. m. b. H., et al.*（2007 年，美国加利福尼亚东区地区法院）

国家作为一方当事人

◎ *Svenska Petroleum Exploration AB v. Government of the Republic of Lithuania and AB Geonafta*（2005 年，英国高等法院）

◎ *Organismo Supervisor de la Inversión Privada en Telecomunicaciones (OSIPTEL) and others v. Telefónica del Perú S. A. A.*（2005 年，秘鲁利马高等法院）

◎ *S. Group of Companies v. Russian Federation*（2006 年，德国科隆地区法院）

◎ *Industriale Xport v. the Ministry of Justice of Ukraine & the Ministry of Fuel and Energy of Ukraine*（2007 年，乌克兰商事法院）

非仲裁当事人

◎ 香港永开利企业公司申请执行仲裁裁决案（2007年，中国最高人民法院）

◎ 湖南省宁乡县人民政府招待所与被申请人钟某、张某租赁合同纠纷案（2009年，中国湖南省长沙市中级人民法院）

个体工商户

◎ 濮阳市中原路联合复印中心申请撤销仲裁裁决案（2009年，中国河南省郑州市中级人民法院）

清算

◎ *Canada (Attorney General) v. Reliance Insurance Co.*（2007年，加拿大安大略高等法院）

无效协议

◎ 信阳天源公物拍卖有限责任公司与魏某确认仲裁协议效力案（2009年，中国河南省信阳市中级人民法院）

法定代表人

◎ 李某与湖南凯鸿空调有限公司申请撤销仲裁裁决案（2009年，中国湖南省郴州市中级人民法院）

代理

◎ *Palmer Ventures, LLC v. Deutsche Bank AG*（2007年，美国第五巡回上诉法院）

◎涉他合同

江西省某公司与香港某公司租赁经营协议争议仲裁案

（2008年，中国国际经济贸易仲裁委员会）

被申请人认为本案协议书的实际履行主体是九江某公司，因此被申请人在本案中不是适格的仲裁主体。被申请人与申请人签订的协议书是一份典型的涉他合同，是为九江某公司利益的合同。依据合同法理论，以订约人是否为自己设定权利义务为标准，合同可分为束己合同与涉他合同。束己合同是指严格遵循合同相对性原则，当事人为自己设定并承受权利义务，第三人不能向合同当事人主张权利，当事人也不得向第三人主张权利的合同。此为合同的常态。涉他合同是指突破了合同的相对性原则，合同当事人在合同中为第三人设定了权利或约定了义务的合同，包括为第三人利益订立的合同和由第三人履行的合同。根据协议书有关“……二、声明及承诺第 1 条（1.3）；三、甲、乙方的权利和义务第 1 条（1.2）、第 2 条（2.2）、(2.5)；八、违约的责任及协议终止第 1 条（1.2）……”的约定，协议书并不是为被申请人自己设定权利，而是为将要成立的由被申请人出资的全资企业设定权利、约定义务，因此被申请人与申请人签订的协议书是典型的涉他合同。

仲裁委员会认为，被申请人的上述主张不能成立。根据现有证据，被申请人是协议书的签约方，依据《中华人民共和国仲裁法》的规定，被申请人应受协议书所载明的仲裁条款的约束。被申请人是否实际履行了协议书所约定的内容，对于仲裁条款的效力并无影响。即使协议书的实际履行主体并非协议书的签约方，作为协议书的签约方的申请人仍然有权依据协议书中的仲裁条款，以协议书的另一签约方即香港某公司为被申请人，就协议书项下的争议事项申请仲裁。至于申请人的仲裁请求是否成立或者说被申请人是否应当承担协议书项下的义务，则属于实体争议的问题，应当由本案仲裁庭经审理查明后作出判断。

◎冒签协议

梅州某公司与深圳某公司还款协议书争议仲裁案

（2008 年，中国国际经济贸易仲裁委员会）

被申请人称其没有签订过本案系争的还款协议书，也没有委托他人签订还款协议，该协议是冒签的，故被申请人不应该受还款协议书及其仲裁条款的约束。

仲裁委员会审阅并研究了双方当事人签订的还款协议书后认为，根据《仲裁法》第 16 条的规定以及本案的表面证据，还款协议书第 4 条关于仲裁条款的约定是明确、有效的，申请人及被申请人也均在还款协议书的落款处加盖了印章。虽然被申请人以还款协议书系冒签为由提出了异议，却并未提供相应的证据支持其主张。因此，根据表面证据，仲裁委员会认为被申请人称还款协议书系冒签，其不受还款协议书及其仲裁条款的约束，故华南分会对本案没有管辖权的观点不能成立。同样，依据表面证据，被申请人作为本案适格的当事人，要求裁定其退出仲裁的观点也不能成立。至于本案合同是否系冒签的，仲裁委员会认为应由仲裁庭审理查明。根据《仲裁规则》第6条第1款，仲裁委员会授权仲裁庭在经过实体审理后作出最终的管辖权决定。

◎合同签署人

承德县盛华服装有限公司申请确认仲裁协议效力案

（2007年，中国北京市第二中级人民法院）

盛华公司申请称：2005年盛华公司同中纺东方贸易进出口公司、日本丸红株式会社及森伍株式会社达成协议，约定由森伍株式会社出资购建服装生产线，由盛华公司为森伍株式会社加工服装。因中国有关政策上的限制，盛华公司不能直接使用森伍株式会社提供的资金，故通过设立合作公司的方式来使用该资金。盛华公司与森伍株式会社为设立合作公司而向工商等行政机关提交了《中外合作承德盛强服装有限公司合同》。但在该合同上代表盛华公司签字的“王某”不是本人所签，而是盛华公司某工作人员的签字，且森伍株式会社否认签署过该合作合同。因此，《中外合作承德盛强服装有限公司合同》未经双方签字确认，只是为注册成立合作公司而向工商等行政机关提交的合同，该合同中的仲裁条款对双方均无约束力。综上，请求确认《中外合作承德盛强服装有限公司合同》中的仲裁条款无效。

森伍株式会社辩称：虽然《中外合作承德盛强服装有限公司合同》上作为森伍株式会社代表的签字不是本人所签，但该合同已实际履行，合作公司即承德盛强服装有限公司已成立。鉴于此，森伍株式会社对《中外合作承德盛强服装有限公司合同》中的仲裁条款予以认可，并以此为依据向仲裁委提出仲裁申请。综上，森伍株式会社要求确认《中外合作承德盛强服装有限公司合同》中的仲裁条款有效。

经审理查明：森伍株式会社依据在承德市工商行政管理局备案的《中外合作承德盛强服装有限公司合同》中的仲裁条款，于2007年2月14日向中国国际经济贸易仲裁委员会提出仲裁申请。《中外合作承德盛强服装有限公司合同》约定：盛华公司与森伍株式会社同意在中国境内建立合作公司承德盛强服装有限公司；凡因执行本合同所发生的或与本合同有关的一切争议，双方应通过友好协商解决，如果协商不能解决，应提交北京中国国际经济贸易仲裁委员会，根据该会的仲裁规则进行仲裁，仲裁裁决是终局的，对双方都有约束力，仲裁费用由败诉方负担。在该合同上，代表盛华公司签字的是“王某”并加盖了盛华公司的公章，代表森伍株式会社签字的是“森沙织”。该合同签订后，承德盛强服装有限公司在承德市工商行政管理局注册成立。

法院认为：首先，盛华公司认可《中外合作承德盛强服装有限公司合同》上“王某”的签字系其工作人员所签，且盛华公司并未对该合同上加盖其公章提出异议，因此《中外合作承德盛强服装有限公司合同》中的仲裁条款是盛华公司的真实意思表示。其次，森伍株式会社依据《中外合作承德盛强服装有限公司合同》中的仲裁条款已向仲裁委提出仲裁申请，且森伍株式会社在法院审理期间对该合同中的仲裁条款予以认可，因此《中外合作承德盛强服装有限公司合同》中的仲裁条款亦是森伍株式会社的真实意思表示。最后，盛华公司与森伍株式会社已实际履行了《中外合作承德盛强服装有限公司合同》，在履行该合同过程中，盛华公司未对该合同上的“王某”的签字提出异议，亦未对仲裁条款提出异议。同时，《中外合作承德盛强服装有限公司合同》中约定的合作公司即承德盛强服装有限公司已成立，在申请设立合作公司过程中，《中外合作承德盛强服装有限公司合同》已在承德市工商行政管理局备案。因此，《中外合作承德盛强服装有限公司合同》中的仲裁条款对盛华公司、森伍株式会社均具有约束力。综上，《中外合作承德盛强服装有限公司合同》中的仲裁条款是盛华公司与森伍株式会社共同请求仲裁的意思表示，且该仲裁条款符合《仲裁法》第16条的规定，不存在《仲裁法》第17条、第18条规定的仲裁协议无效的情形。因此，森伍株式会社提出仲裁申请所依据的仲裁条款有效；盛华公司请求确认《中外合作承德盛强服装有限公司合同》中的仲裁条款无效的理由不能成立，盛华公司的申请应予驳回。

◎属人管辖权

Maria Enrichetta Melzi Cargnani v. Pewag Austria, G. m. b. H., et al.

（2007年，美国加利福尼亚东区地区法院）

本案所涉仲裁裁决于2003年9月在意大利的里雅斯特作出。被告向的里雅斯特上诉法院就裁决提出了上诉，认为该裁决违反了《意大利民法典》，因此要求判定它无效。在上诉审结之前，原告向奥地利的Graz地区法院请求执行裁决。Graz地区法院于2004年6月裁定裁决是可执行的。随后被告向奥地利法院提起上诉，因此中止裁决执行。在奥地利上诉法院审理的期间，原告又向美国地区法院提起执行裁决的诉讼。加利福尼亚东部地区法院作出了有利于被告的裁定，认为它并没有对奥地利被告的管辖权。

◎国家作为一方当事人

Svenska Petroleum Exploration AB v Government of the Republic of Lithuania and AB Geonafta

（2005年，英国高等法院）

原告 Svenska Petroleum Exploration AB 在丹麦针对第一被告立陶宛政府（Lithuania）和第二被告 AB Geonafta 就合资协议争议提起ICC仲裁。仲裁庭作出的临时裁决，认为第一被告为合资协议的一方当事人因此要受仲裁条款的约束。后仲裁庭作出了有利于原告的最终裁决。原告申请英国法院执行，并获得执行该最终裁决的命令。第一被告申请要求撤销，理由是作为一个独立的国家，其享有司法管辖豁免。原告认为，第一被告已经不能提出它不是仲裁协议当事人的主张，因为仲裁庭在临时仲裁裁决中就这一争议已经作出了决定。

第一被告认为在1978国家豁免法令中第一部分的三个国家豁免的例外都不能适用。首先，第一被告抗辩道1978法令中第2章不能适用因为协议仅仅使第二被告放弃了国家豁免。法院认为将协议第35条解释为仅仅关于第二被告的主权豁免的放弃是不可能的。然而，法院认为将协议下第35条的豁免的放弃视同是向英国法院提交管辖权的共同意愿是虚假的和错误的，因此第2章中国家豁免的例外是不能适用的。其次，第一被告认为1978法令第3章也不能适用，因为第一被告既不是商事交易的当事人，目前这个诉讼也没有涉及那个交易。法院认为通过协议和接受协议下各个权利和义务承认了这是法律上的和合同的约束，第一被告明显是以国家身份从事商事交易的当事人，并符合1978法令第3章的目的。然而，法官申明第3章中“与交易有关的诉讼”须狭义解释，限于源自合同和交易本身的诉讼，而不能扩展到包括随后行为的诉讼，仅能是与交易和合同有关的诉讼。法院认为诉讼与协议下的基本交易没有联系，而是与仲裁和最终裁决有关。再次，第一被告认为原告不能依据1978法令第9章。法官总结到并没有将

1978 法令第 9 章的“与仲裁有关”解释为排除执行程序或与执行有关的程序的文字规定或其他依据，也没有排除涉及公共性质争议即一个国家就其自然资源颁发资格证方面仲裁的正当理由。因此，原告可以依据 1978 法令第 9 章的国家豁免例外。

☞ 判决摘录

Section 3 of the Act-Is the State a party to a commercial transaction and do the present proceedings relate to that transaction?

39. The second issue which arises is whether the State falls within the exemption afforded by section 3 of the Act. Section 3 provides that:

(1) A State is not immune as respects proceedings relating to

(a) a commercial transaction entered into by the State...

...

(3) In this section commercial transaction' means

(a) any contract for the supply of goods or services

...

(c) any other transaction or activity (whether of a commercial, industrial, financial, professional or other similar character) into which State enters or in which it engages otherwise than in the exercise of sovereign authority.

Is the State a party to a commercial transaction?

40. The first question under this head is whether the JVA was a commercial transaction entered into by the State or whether it was a signatory to the JVA merely in an administrative capacity or in the exercise of its sovereign authority.

41. Mr Shackleton, on behalf of the State, submitted that, as a matter of fact, the JVA is not a commercial transaction as far as it concerns the State; that the State was never a commercial party to the JVA, nor indeed defined as a “party” to the JVA at all; that there was evidence from Dr Gediminas Motuza, (who was involved in the negotiations for the JVA in his capacity as Director of the Geological Survey, which supervised and regulated Geonafta) and Professor Katuoka (the expert in Lithuanian law on behalf of the State), that Lithuania's role in this project was not commercial but public, relating as it did to the regulation and licensing of the country's natural resources; and that the provisions relied on by Svenska as examples of commercial obligations of the State are not commercial matters, but areas generally relating to the

public interest and the administrative and regulatory spheres; and that there was no evidence that the State was getting into the oil business itself.

42. Although the JVA is arguably somewhat of a hybrid agreement, on this point I prefer the submissions of Mr Bools, as to the correct characterisation of the JVA. I did not find the evidence of either Dr Motuza or Professor Katuoka of any assistance on this point. I conclude that the JVA is a commercial transaction as defined in subsections 3 (3) (a) and (c). This can be seen from certain of the relevant terms of the JVA. I refer to the following by way of example, although there are others that support the conclusion. Although not in terms an option, article 18 effectively provides the State with the right to purchase all of the oil produced under the agreement at market price. Article 18D defines the ratios of profit sharing between EPG and Svenska. Article 18E provides:

1. It is presumed that Government will purchase and take all oil produced hereunder at market price as defined in article 19. 2. If Government does not pay (30 days after invoice or on other mutually agreeable terms) for the crude oil take in hard currency, then each party shall be allowed to take its shares hereunder in kind.

2. If Svenska and/or EPG shall elect to take its/their shares hereunder in kind, Government shall give whatever licence or permission may be required to allow export of oil from [Lithuania].

In effect the JVA granted the State the right to buy all oil produced under the JVA at market price. Only if the State did not elect to do so, could Geonafta and Svenska export the oil produced for sale elsewhere.

43. Under article 21, moreover, the State gave the joint venture the right to use certain assets and infrastructures, with the right to the State and Geonafta to remove and use assets purchased by Svenska or Geonafta, which had become the property of the joint venture, but had become surplus to its requirements. There was also a warranty given by the State to Svenska that the Joint Venture would have the right to use the areas required for operations, as though it were the legal owner, and a release given by the State to Svenska in respect of any liability for environmental damage together with a contractual indemnity in favour of Svenska in the event that it did incur any liability in respect of such damage. Importantly, under article 33 the State was given wide contractual rights of cancellation of the entire JVA as against Svenska, with a corresponding obligation upon the State to pay the fair market value of Svenska's share of

the field facilities left behind in Lithuania. Furthermore, under article 40.1 the State agreed that Svenska would be granted an option to develop additional oil fields within Lithuania in a specified area. Svenska was to propose a work programme; if the State deemed it unsatisfactory and solicited alternative proposals from others, Svenska was given the opportunity to match those proposals. In the event that it did so, the parties agreed that Geonafta and Svenska would form a further joint venture to "carry out the exploration work proposed and develop any discoveries which are deemed commercial". In substance this clause gave Svenska a valuable commercial option over these additional fields. Further article 40.2 provided Svenska with the entitlement to "opportunities to participate in bidding for exploration development and production of petroleum" in Lithuania outside the specified areas. Finally, article 41 provided for the parties to develop the Kretinga and Nausodis fields:

As soon as practical after the Effective Date, Svenska shall carry out a technical-economic feasibility study in respect of the Kretinga and Nausodis fields within the Agreement Area and the parties shall, where the study, in the opinion of the parties proves this to be economically feasible, develop either or both fields by separate agreement.

44. As the Tribunal stated at page 66 of the Interim Award, the dispute between Svenska and the State was one which related to an alleged breach by the State of its express or implied contractual obligations under, in particular articles 40 and 41 of the JVA. Moreover, as the Tribunal stated at page 68 of that Award, which I have quoted above, the JVA "is a commercial contract regarding the exploration and exploitation of oil fields within Lithuania". Whilst I am not in any way bound by the views of the Tribunal, I share its views as to the correct characterisation of the contract.

45. As to the question whether the State was a party to a commercial transaction, not only did the State expressly assume a raft of obligations under the final JVA, but it also signed it and agreed that it was "legally and contractually" bound by it. In addition to the articles to which I have already referred above, the following articles of the JVA make it clear that the State was a party to, and assumed obligations under, the JVA:

(i) Article 11 provided that the Agreement was only effective when all parties, including the State, signed it. Article 11.2 provided that the Agreement could only be changed with the State's consent.

(ii) Article 15.1 granted the joint venture company the right to the oil extracted under the Agreement, a right which only the State could grant.

(iii) Under article 24 the State granted an exemption from customs duties.

(iv) Article 26 granted the State a right of access to records and reports and in return the State gave an undertaking of confidentiality.

(v) Similarly, article 29 granted the State a right of access to the Agreement Area and in return the State gave the joint venture an indemnity in respect of loss or damage.

(vi) Article 31 gave the State a right of requisition and in article 31.4 the State gave an indemnity in return.

(vii) Article 34 defined the State's position in the event of a *force majeure* event.

46. Accordingly, whatever may be the position in relation to the agreement to arbitrate, (which is an issue that I consider below), it is clear in my judgment that, by signing its acknowledgement that it was "legally and contractually bound" and by accepting obligations and rights under various of the clauses of the JVA, the State was clearly a party thereto. In my judgment, therefore, the JVA was a "commercial transaction, entered into by the State".

Do the present proceedings relate to that transaction?

50. In my judgment, I should follow the decision of Stanley Burnton J in *AIC Ltd v The Federal Government of Nigeria* largely for the reasons which he gives. Although the view expressed by Lord Millett in the House of Lords in *Holland v Lampen-Wolfe* [2000] 1 WLR 1573, at 1588, that:

In my opinion the words "proceedings relating to" a transaction refer to claims arising out of the transaction, usually contractual claims, and not tortious claims arising independently of the transaction but in the course of its performance was strictly *obiter*, it shows that the phrase "proceedings relating to the transaction", in the context of Section 3 of the 1978 Act, should indeed be given a narrow construction; that is to say, they should be limited to claims that arise out of the contract or transaction itself, and not extended to those arising out of some subsequent act, albeit that that act itself might loosely "relate to" the contract or transaction. A claim to enforce an arbitration award necessarily "arises out of" the award. As Mr Bools realistically accepted, there is a clear analogy between proceedings to register judgments and proceedings to enforce arbitration awards. The decision in *AIC Ltd v The Federal Government of Nigeria* has been cited with some approval by Dame Hazel Fox QC in the introduction to her work *The Law of State Immunity*, Oxford University Press (2002) at page xxvii, although she questioned the judge's reasoning by reference to the utility of section 9 of the Act, stating ibid. that his reading "may neglect the prime purpose of section 9 which was to construe consent to arbitration as submission to the English court's jurisdiction". Be that as it may, and even accepting, as Mr Bools submits, that there well may be situations where there is no overlap between a section 3 case and a section 9 case, I conclude that these enforcement proceedings under section 101 of the 1996 Act do not relate to the underlying commercial transactions of the JVA, but rather to the arbitration and the Final Award.

51. Accordingly Svenska's case under section 3 of the Act fails.

Organismo Supervisor de la Inversión Privada en Telecomunicaciones (OSIPTEL) and others v. Telefónica del Perú S. A. A.

(2005 年，秘鲁利马高等法院)

在 1994 年，Telefónica del Perú S. A. A. 与秘鲁政府签订了特许协议以提供电信服务。双方同意任何产生于或与该协议有关的争议将会提交给由利马商会国内国际调解和仲裁中心所管理的仲裁庭。电信私人投资的监管机构（OSIPTEL）是特许协议中代表秘鲁国家的一方。本案中，Telefónica 针对 OSIPTEL 提起了仲裁，声称 OSIPTEL 作出的决定违背了特许协议。OSIPTEL 抗辩称仲裁庭缺乏管辖权，并称其行政决策事关统治权，因此依据仲裁法，该决定不能提交给仲裁。然而，仲裁庭认定其有管辖权，并作出了部分有利于 Telefónica 的裁决。

OSIPTEL 和其他当事人又提起诉讼，以争议的事实不能提交仲裁为由要求撤销裁决。利马高等法院拒绝撤销裁决。法院认为，特许协定是有约束力的合同，既然合同包括了与合同有关的任何争议都将通过仲裁解决的仲裁条款，秘鲁应被认定为放弃了其在相关事项上的统治权。

S. Group of Companies v. Russian Federation

(2006 年，德国科隆地区法院)

1991 年，美国的一家公司 SGC 公司集团与圣彼得斯堡警察局（GUVD）成立合资公司 KOC。KOC 业务之一是在前苏联和国外提供安保服务。合资公司于

1992 年在俄罗斯相关机构进行了注册。注册后不久，新的俄罗斯联邦于 1992 年中期设立一项联邦资产基金，随后俄罗斯国家仲裁庭宣布由于资金捐助存在错误，导致合资公司无效。1992 年晚期，俄罗斯联邦总统命令 GUVD 将财产从 KOC 转到基金中来。SGC 向斯德哥尔摩商会仲裁院提起仲裁，依据 1989 年德国联邦共和国与前苏联的双边投资协定提出赔偿请求。仲裁庭作出赔偿原告损失和利息的裁决。随后俄罗斯联邦尝试在瑞典撤销该裁决。裁决被中止执行。尽管中止执行裁决，原告依然向德国寻求执行该裁决。在 2001 年 2 月，柏林法院宣布该裁决是可执行的。俄联邦提起上诉随后又撤销了上诉。

三年后，瑞典最高法院支持了瑞典下级法院作出的拒绝俄联邦撤销裁决的请求。俄联邦引用了在 1998 年有瑕疵的仲裁程序，并主张除了其他事务外，由斯德哥尔摩商会组建的仲裁庭并不是审理此案的正确机构，并且被告没有得到审查所有不利于他的证据的机会。另外，其还称通过欺诈获得的裁决，原告已经损害了俄联邦。这也使俄联邦依据《德国民法典》（BGB）第 826 条获得提起诉讼的理由并使科隆法院依据《德国民事诉讼法》（ZPO）第 32 条审理此案。科隆地区法院首先让本诉中的原告返回到柏林上诉法院以解决与该法院先前的判决有关的诉求。法院认为与仲裁裁决执行有关的所有争议应提交给首先处理该执行问题的德国法院，在本案中应为德国柏林上诉法院。至于依据 BGB 第 826 条审理案件的能力问题，科隆法院指出试图执行一项通过欺诈获得的仲裁裁决是有害的和被禁止的行为。至于诉求的性质依据 BGB 第 826 条，法院指出该依据只有在仲裁程序出现严重的错误并且在法院推翻最终裁决表现出严格的自律才能给予救济，这也只能在特殊的案件中作出。

Industriale Xport v. the Ministry of Justice of Ukraine & the Ministry of Fuel and Energy of Ukraine
（2007 年，乌克兰商事法院）

本案涉及 Industriale Xport 股份公司（罗马尼亚）向基辅商事法院提起了针对乌克兰司法行政部门和乌克兰能源部门的诉讼。

1997 年 2 月 20 日，乌克兰商业和工业协会的国际商事仲裁庭（ICAC）作出了一个要求 Ukrvugle resursy 进行清算以赔偿 5 537 221. 3 美元的债务。这个裁决被提交到 Starokyivsky 地区法院以寻求执行后提交到执行部门。2001 年 3 月 24 日，乌克兰能源部门发布了清算 Ukrvugleresursy 的命令并将其财产转移到前者。应该注意的是除了清算小组，乌克兰能源部门已经意识到 Ukrvugleresursy 的债务和 ICAC 的裁决，清算委托人未提出破产程序。2002 年 10 月 17 日 Shevchenkovsky 地区法院的执行部门发布了一个将执行文件返还给申请者 Industriale 某 port 的命令，因为债务人 Ukrvugleresursy 已被清算并且后者没有签名。乌克兰能源部门拒绝满足诉讼请求并指出 Industriale 某 port 没有在 3 年内提出申请。

法院指出债权人获得有利于他的执行裁决可能性的缺失构成了侵犯由《保护人权和自由公约》第 1 条所保证的并由欧洲人权法院所确认的“和平占有”。法院认定 Industriale Xport 仅能从执行部门发布将执行裁决的文件返还的命令时（即 2002 年），才能发现它依据 ICAC 裁决所享有的债权被侵犯了。至于 2003 年 10 月 22 日，Industriale Xport 向 Kyiv 商事法院提出的相关申请，满足 3 年的期限。据上所述，法院作出了有利于 Industriale 某 port 的判决。

◎非仲裁当事人

香港永开利企业公司申请执行仲裁裁决案

（2007 年，中国最高人民法院）

最高人民法院

关于香港永开利企业公司申请执行中国国际经济贸易仲裁委员会

〔1996〕贸仲裁字第 0109 号仲裁裁决一案请示的复函

2007 年 10 月 23 日　　〔2007〕民四他字第 23 号

广西壮族自治区高级人民法院：

你院〔2007〕桂高法执请字第 1 号“关于裁定对中国国际经济贸易仲委员会〔1996〕贸仲裁字第 0109 号裁决不予执行的请求报告”收悉。经研究，答复如下：

根据你院请示及所附材料，香港永开利企业有限公司与“广西进出口贸易股份有限公司梧州分公司”在 1994 年 8 月 2 日签订了 94PYGXD02O 号买卖合同，中国国际经济贸易仲裁委员会对该合同下的争议作出〔1996〕贸仲裁字第 0109 号裁决后，香港永开利企业有限公司向南宁市中级人民法院申请执行该裁决。经南宁市中级人民法院和你院查证，仲裁裁决书所确定的被申请人地址上不存在被申请人“广西进出口贸易股份有限公司梧州分公司”，工商部门也无“广西进出口贸易股份有限公司梧州分公司”的登记资料，且香港永开利企业有限公司自认与其有交易关系的是广西桂信实业开发公司，有关款项付给了广西桂信实业开发公司。由于“广西进出口贸易股份有限公司梧州分公司”在法律上和事实上均不存在，以“广西进出口贸易股份有限公司梧州分公司”为被申请人的〔1996〕

贸仲裁字第0109号裁决应不予执行。同意你院不予执行上述仲裁裁决的意见。

此复。

湖南省宁乡县人民政府招待所与被申请人钟某、张某租赁合同纠纷案

（2009年，中国湖南省长沙市中级人民法院）

2000年6月23日，申请人宁乡招待所与被申请人钟某签订了一份承包合同，承包期限为2000年6月24日至2002年6月23日止。2002年8月31日，申请人宁乡招待所与被申请人钟某又签订一份承租合同，约定对申请人的下属单位玉潭宾馆的财产对内承租，承租期限从2002年7月1日至乙方（张某）与县房地局玉潭房管所签订合同时间长短同步为止。因承租结算发生纠纷，申请人宁乡招待所与被申请人钟某于2008年5月8日分别向长沙仲裁委员提交了仲裁协议，要求对2000年6月24日承包合同和2002年7月1日承租合同以及相关事项在履行中发生的争议进行仲裁。2008年12月28日，长沙仲裁委员会作出仲裁裁决，即被申请人钟某、张某自本裁决书送达之日起十日内向申请人宁乡招待所支付租金12万元（从2006年5月至2008年5月）。

申请人撤销申请的理由之一是：因被申请人未按约定履行合同义务，申请人经仲裁员推荐选择了仲裁，在被申请人未到场情况下，由仲裁员提供一张格式条款的仲裁协议，申请人单方面盖章，长沙仲裁委员会在没有双方签订仲裁协议情况下受理了申请人的仲裁申请，违反了仲裁法的规定。

湖南省长沙市中级人民法院认为：仲裁是争议双方当事人在纠纷发生前或发生后达成协议，自愿选择将争议提交仲裁机构裁决，以解决双方争议的一种方式。仲裁庭应依据《仲裁法》和仲裁委员会制定的仲裁规则进行仲裁。人民法院认为仲裁裁决有违反《仲裁法》第58条规定情形时，裁定撤销。本案中，被申请人钟某与被申请人张某虽系夫妻关系，但被申请人张某作为具有完全民事行为能力的自然人，有权独立进行民事活动。被申请人张某在纠纷发生前没有与申请人宁乡招待所达成仲裁条款，在纠纷发生后又没有与申请人宁乡招待所补充签订仲裁协议，也没有办理委托被申请人钟某进行仲裁活动的委托手续，而各方当事人达成明确的仲裁协议是授予仲裁机构对争议案件管辖权的依据。故本案中，张某与宁乡招待所没有仲裁协议，长沙仲裁委员会无权对申请人宁乡招待所与被申请人张某之间的纠纷进行处理。

◎个体工商户

濮阳市中原路联合复印中心申请撤销仲裁裁决案

（2009年，中国河南省郑州市中级人民法院）

申请人向法院申请撤销裁决的理由之一为，仲裁裁决书中主体不适格。按《民法通则》规定，个体工商户应以业主为当事人，在诉讼文书中注明系某字号的业主。因此，仲裁案件当事人应该是肖某，而不是“濮阳市中原路联合复印中心”等。

法院认为：濮阳市中原路联合复印中心系个体工商户，应以其业主肖某为仲裁当事人，根据《最高人民法院关于贯彻执行〈中华人民共和国民法通则〉若干问题的意见》（试行）第41条、《最高人民法院关于贯彻执行〈中华人民共和国民事诉讼法〉若干问题的意见》第46条的规定，本案的仲裁程序违反法定程序，应予撤销。因此，申请人复印中心称仲裁案件当事人应该是肖某，而不是“濮阳市中原路联合复印中心”的理由成立，法院予以支持

◎清算

Canada（Attorney General）v. Reliance Insurance Co.

（2007年，加拿大安大略高等法院）

被告是一家在美国宾夕法尼亚州成立的负责破产财产清算的保险公司。被告的加拿大分公司是依据《联邦保险公司法》S. C. 1991负责在加拿大经营被告业务的分公司。法院依据《清盘和重组法》R. S. C. 1985（WURA）作出命令，被告加拿大公司将被清盘。法院特别命令将不会发生针对被告或被告加拿大公司的诉讼或其他程序，除非法院同意，并且每一个判决、查封、扣押和执行或针对被告或被告加拿大公司以及其地产的程序等，在清盘程序后这些都归为无效。

被告签订了再保险合同，对被告的责任进行再保险。但被告加拿大分公司在收集再保险收益时，一些再保险公司称抵销他们所欠被告加拿大分公司的数额与被告所欠他们的数额。这些协议包括仲裁条款，规定在费城和伦敦仲裁并分别适用宾夕法尼亚州和英国的法律。清算人向法院询问意见和指示，并要求法院命令其他再保险人向其支付。一些再保险公司申请中止，并要求驳回清算人的要求，将争议提交仲裁。法院将要裁定的争议为是否是*WURA*的条款以及是否中止仲

裁程序，以及是否应该允许 S 和 L 继续仲裁程序。

法院经审理认为，其他再保险公司仍然可以在清盘程序中提出他们的抵销诉求，但不能提起仲裁。另外，法院认为为了与加拿大其他判决和国际学术观点一致，在一方当事人破产或在法院保护的情形下，仲裁条款以及其他商事合同都不能履行。

法院认为其他再保险人不能提起仲裁的理由包括：提交仲裁会导致与抵销争议有关的三个不同的诉讼，并面临判决不一致的风险；就抵销争议组成仲裁庭以及遵循其规则会造成延迟，而在诉讼中将会被尽快解决；等等。

☞ 判决摘录

Discussion

a) Stay of Proceedings

[23] Turning firstly to the issue of the stay, the proceedings before me are brought in the matter of Reliance, the WURA and the Insurance Companies Act. Reliance Canada carried on business in Canada as a branch of a foreign insurance company under the Insurance Companies Act and its predecessor legislation. As such, to insure risks, it required an order of the Superintendent of Financial Institutions and pursuant to Part XIII of the Insurance Companies Act, as a branch, Reliance Canada was required to, amongst other things, maintain an adequate margin of assets in Canada over liabilities in Canada, vest in trust, in Canada, assets of a prescribed value, and maintain records for each customer in Canada, or claimant under a policy in Canada, the amount owing to the insurer and the nature of its liabilities to the customer or claimant. Reliance Canada's assets were therefore held in Canada and were available to back its liabilities under its insurance policies. Records were maintained by Reliance Canada in this regard.

[24] By November 8, 2001, two liquidation estates were created, one in the U. S. and one in Canada. The WURA specifically provides for a winding up order in respect of the "insurance business in Canada of the foreign insurance company if the court is of the opinion that for any reason it is just and equitable". There is, therefore, no issue that there was jurisdiction to make the winding up and appointment orders. As noted in Re Breakwater Co., [10] the jurisdiction of the court to wind up a company is not defeated because a winding up order has already been made in the company's foreign country of origin. The court then administers the assets of the

company that are within its jurisdiction: Re: Suidair International Airways Ltd.

[25] It is clear that under the WURA, the Liquidator is obliged to take into his or her custody property to which a company being wound up is or appears to be entitled. The court orders in this case reflect this responsibility. In a windup of a Canadian branch, assets are defined as including amounts receivable in respect of an insurance business in Canada. In section 73 the WURA addresses the issue of set-off. The WURA also imposes a stay of proceedings except with leave of the court. The court orders also impose this restriction. The appointment order stated that absent leave, all claimants were restrained from exercising any extra judicial remedies against Reliance Canada including consolidation of accounts in relation to amounts due or accruing due in respect of or arising from any indebtedness or obligation of Reliance Canada as of the date of the order. No suit, action or other proceeding was to be proceeded with or commenced against Reliance Canada or Reliance except with leave of the Court.

[26] In Commercial Insolvency in Canada, Kevin Mc Elcheran describes the purpose of the stay of proceedings in the context of commercial insolvency:

The primary statutory and judicial tool used to preserve value and promote order in the insolvency process is the stay of proceedings to suspend the exercise of individual creditor rights. Stays of proceedings are necessary to achieve many of the objectives of commercial insolvency law. Even in the context of a liquidation of the debtor's assets for distribution to its unsecured creditors under the BIA or the WURA, the statutory stay of proceedings permits the orderly and efficient realization of the debtor's assets, the judicial determination of creditor claims and priorities and the fair distribution of proceeds to creditors by reference to their legal rights. [16]

[27] Although dealing with the CCAA, numerous cases have interpreted "proceedings" broadly and to include extra judicial proceedings such as arbitration: Luscar Ltd. v. Smoky River Coal Limited, Meridian Developments Inc. v. Toronto Dominion Bank, Quintette Coal Ltd. v. Nippon Steel Corp.

[28] Section 134 of the WURA provides that the liquidator is subject to the summary jurisdiction of the Superior Court of Justice and the Liquidator acts as the officer of this court and subject to its approval and authorization. There is no other body that provides advice and directions to the Liquidator. Again these features are reflected in the court orders.

[29] In the face of these provisions, I am hard-pressed to see how this court does

not have jurisdiction or is obliged to refer the issues that are the subject matter of KPMG's October motion as it relates to the Moving Parties to Pennsylvania and London for arbitration. The Moving Parties have framed their motion as a request for a stay of the Liquidator's set-off motion on the basis that the Treaties and the arbitration agreement contained therein should be enforced. In substance, this amounts to a proceeding against Reliance Canada, Reliance and the Liquidator and hence is encompassed by the court orders. The Treaties in which the arbitration agreement are contained are not invalidated but arbitration proceedings are stayed as a result of section 21 of the WURA and this court's orders. There is a sound basis for this. In Coopérants, Mutual Life Insurance Society (Liquidator of) v. Dubois the Supreme Court described the purpose of the WURA.

The purpose of the statute is to arrange for the closing down of the company's business in an orderly and expeditious manner while minimizing, as far as possible, the losses and harm suffered by both the creditors and other interested parties and by distributing the assets in accordance with the Act. The mechanism provided consists in requiring the court's leave for proceedings by the creditors (ss. 21 and 22) and giving responsibility for the company's affairs to a court-appointed liquidator, who acts as an officer of the court, under its control and in accordance with its directives (s. 19). The court and the liquidator must respect and give effect to the creditors' rights as much as possible, taking their nature into account and not disregarding the other interests involved. As Galipeault C. J. Q. stated in Maranda-Desaulniers v. Peckham (1952), [1953] Que. Q. B. 163, at p. 172, the court has a discretionary power in this regard.

In a winding up proceeding as noted in Re. J. McCarthy & Sons Co. of Prescott Limited, [21] there may be numerous stakeholders.

As far as possible, all proceedings affecting the winding up of a company shall be taken in the winding up matter, and the bringing of an action should not be permitted unless some special circumstances make such an additional legal proceeding necessary or advisable for some very substantial reason ...

The purpose of the Act is to wind up, finally, the affairs of the company as inexpensively and speedily as possible, in the interests of the creditors, and all others concerned in it, primarily; and, for the common good, all are equally deprived of some of their ordinary rights, including a right of action and all that may follow upon that right, such as mode of trial, right of appeal, etc. and all are confined to the remedies which the Act provides or permits.

[30] The merits of the public policy that favours "single control" or a single proceeding have been referred to by the Supreme Court in Stewart v. LePage in the context of a winding up and in Re Eagle River International Ltd. in the context of bankruptcy. The Moving Parties are not precluded from advancing their arguments on set-off; they are simply precluded from proceeding with arbitration.

[31] There is also an issue as to whether the Moving Parties meet the requisite thresholds in the ICAA and more specifically, the Model Law. There is no need to address all of the thresholds as the agreements to arbitrate are inoperative or incapable of being performed. As noted by J. Brian Casey and Janet Mills in Arbitration Law of Canada: Practice and Procedure:

If a party is bankrupt or insolvent and under court protection then the arbitration agreement, as any other commercial contract, is affected. It becomes inoperative.

[32] In Luscar Ltd. v. Smoky River Coal Limited, the court considered whether an agreement to arbitrate was "void, inoperative or incapable of being performed." Lovecchio J. determined that it was incapable of being performed as the debtor company lacked capacity in that it was being suspended by the court under the Companies' Creditors Arrangement Act. Although it took a different approach, the Alberta Court of Appeal did not overrule his decision in this regard. Prince George (City) v. McElhanney Engineering Services Ltd. did not deal with a winding up order but the BC Court of Appeal examined the meaning of "null and void, inoperative or incapable of being performed." Although the court did not accept the motion judge's treatment of this provision, the court did refer to M. J. Mustill and S. C. Boyd, The Law and Practice of Commercial Arbitration in England where the authors wrote:

The expression "inoperative" has no accepted meaning in English law, but it would seem apt to describe an agreement which, although not void ab initio, has for some reason ceased to have effect for the future.

In the case before me, in the face of the winding up and the stay, the agreements to arbitrate cease to have effect for the future and may not be enforced. They are inoperative. Put differently, consistent with Re J. McCarthy & Sons Co. of Prescott Limited, the Moving Parties are deprived of the opportunity to proceed by way of arbitration.

◎无效协议

信阳天源公物拍卖有限责任公司与魏某确认仲裁协议效力案

（2009年，中国河南省信阳市中级人民法院）

原告信阳天源公物拍卖有限责任公司与被告魏某确认仲裁协议效力一案，向河南省信阳市中级人民法院提起诉讼。原告起诉要求确认原被告双方签订的《协议书》无效，其理由是通过该协议签订的背景和要解决的实质问题看，这份协议都是为了解决被告与委托人358厂清算组之间的矛盾而产生的，被告与358厂清算组之间的协议与原告无关，原告只是起协调作用，不是把自己作为仲裁的当事人与被告达成仲裁协议，因此该协议是无效协议，对原告不产生法律上的约束力，请求依法确认该协议是无效协议。

被告辩称双方签订的仲裁协议合法有效，符合法定的表现形式，其理由是双方签订仲裁协议的意思真实自愿，具有请求仲裁的合意，协议中的仲裁事项是明确的，即原358厂幼儿园拍卖纠纷一事，不存在仲裁事项不明确情形；被答辩人向人民法院申请撤销双方已签订的仲裁协议的理由不成立；双方签订的仲裁协议真实有效，不存在效力瑕疵，请法院对此事予以采纳，驳回原告诉讼请求。

经审理查明，2007年12月17日，河南华夏光学电子仪器厂（358厂）清算组与原告签订了《委托拍卖合同》，委托原告拍卖“358厂幼儿园经营权及附属设施”等，2007年12月19日，清算组向原告提供《委托拍卖清单》，12月20日和12月25日，清算组分别又向原告提供了关于拍卖标的物的《出售须知》和《补充须知》。被告作为竞买人报名参加了拍卖会，并最终以52万元的价格竞得该标的物，双方签订了《成交确认书》，次日被告向原告缴纳了52万元拍卖款和佣金。清算组根据被告持有的《拍卖成交确认书》，按照《出售须知》的第5条第2项，向被告移交了标的物。被告在取得标的物幼儿园的经营权后，因幼儿园的办学许可证、收费许可证、卫生许可等证照的期限和办理与清算组发生了矛盾、多次与清算组进行商谈未果。2008年9月12日被告的律师找到原告的负责人，称同意在2008年9月20日之前协商解决其与清算组之间的纠纷，具体解决方式为：原告按清算组提供的《拍卖资产清算》原数退出，由清算组退还其52万元拍卖款，对原告在经营期间的投资，仍由其与清算组自行协商解决，请原告在此中间做协调工作。如果清算组不愿退还其拍卖款，其将向信阳市仲裁委提出仲裁申请。为了证明此项内容和促成双方调解成功，原被告之间签订了《协议书》。后被告就上述两项内容无法与清算组达成一致意见，被告依据《协议书》向信阳市仲裁委提出仲裁申请，要求原告退还其拍卖款和佣金。

法院认为，原、被告签订的《协议书》的内容是解决被告与拍卖委托人358厂清算组之间纠纷的仲裁协议，该协议没有约定原告在此期间的任何义务，原告不是被告解决与358厂清算组之间纠纷的当事人，被告与清算组就退还拍卖款和投资部分未达成一致意见。由于被告魏某未能与358厂清算组达成撤销拍卖协议的约定，被告魏某与原告信阳天源公物拍卖有限责任公司是不能就拍卖成交反悔直接达成协议的。信阳天源公物拍卖有限责任公司在对358厂清算组委托拍卖的幼儿园进行拍卖时，拍卖程序合法，被告魏某对拍卖取得的标的物产生争议应与358厂清算组进行协商或通过其他途径解决，不应就其与358厂清算组之间的权利义务争议与天源公物拍卖有限责任公司达成仲裁协议，本案双方提请仲裁也无法解决实际问题。法院裁定原、被告于2008年9月12日达成的《协议书》无效。

◎法定代表人

李某与湖南凯鸿空调有限公司申请撤销仲裁裁决案

（2009年，中国湖南省郴州市中级人民法院）

2004年12月14日，申请人李某（甲方）与被申请人（乙方）衡阳市岳州空调有限公司（该公司于2007年12月5日经衡阳市工商行政管理局变更公司名称为湖南凯鸿空调有限公司）签订一份《合作协议》，但申请人李某提出“其是与被申请人法定代表人李某个人签订的合作协议，本案的诉讼主体不适格”。虽然在《合作协议》中，未加盖单位公章，但协议中的乙方名称为“衡阳市岳州空调有限公司”，李某作为法定代表人在乙方代表人栏内签名，是履行职务行为，且李某至今仍为湖南凯鸿空调有限公司的法定代表人，故申请人李某的此一申请理由不能成立，驳回申请人李某的申请。

◎代理

Palmer Ventures, LLC v. Deutsche Bank AG
（2007 年，美国第五巡回上诉法院）

原告 Palmer Ventures 以及其唯一的所有人 John M. Engquist 参加了一个名为 BLIPS 的税务计划。作为这个计划的一方，原告与被告 Deutsche Bank AG, KPMG LLP, Presidio Advisory Services, and Sidley, Austin, Brown and Wood LLP. 签订了一系列的协议。相关的协议包括 Palmer Ventures 和 Deutsche Bank Securities, Inc.（"DBSI"，为 Deutsche Bank 的子公司）签订的顾客协议书，协议中包含一条仲裁条款，在一封代表信中称在税务计划中 DBSI 是其附属公司的代表机构，包括 Deutsche Bank AG 。IRS 认为 BLIPS 计划是一个被滥用的规避税收的措施，并且原告在路易斯安那州法院起诉了被告，称被告违背了受托人的义务并欺骗了原告。Deutsche Bank 将案件提交到联邦法院，后来又依据 Palmer Ventures 和 DBSI 签订的顾客协议请求提起仲裁。区法院拒绝了这个请求。

Deutsche Bank 提出了上诉并称其可以提起仲裁，理由如下：（1）基于在 *Grigson v. Creative Artists Agency* 案中的禁止反言原则；（2）DBSI 作为协议的签署者，是以代理人的身份履行的。第五巡回上诉法院驳回了这两个抗辩并肯定了区法院的裁定。在 *Grigson* 案中，仲裁条款的非签署者只有在以下情形下才能依据禁止反言提起仲裁：（1）签署者必须严格依赖于协议中的仲裁条款来提出针对非签署者的诉求；（2）签署者提出的相互依赖的诉求牵涉到非签署者和合同中其他签署者。法院认为原告的控诉没有依赖代理信提出针对 Deutsche Bank 的诉求。法院还发现没有证据表明 DBSI 和 Deutsche Bank AG. 之间有相互依赖的不当行为，因此 Deutsche Bank AG 不能依据 *Grigson* 标准提起仲裁。法院认为代理关系的存在并不允许非签署者在缺乏 *Grigson* 两个因素之一的情形下提起仲裁。

☞ 判决摘要

IV. DISCUSSION

Deutsche Bank makes two arguments that its non-signatory status should not pose a bar to enforcing the arbitration agreement. First, Deutsche Bank asserts that this case falls within the equitable estoppel principles outlined in Grigson that permit non-signatories to enforce arbitration agreements. Second, Deutsche Bank claims that

DBSI's status as an agent for Deutsche Bank permits Deutsche Bank to compel arbitration based on DBSI's agreement with Palmer Ventures. We will address each argument in turn.

A. Equitable Estoppel

Deutsche Bank's first argument that it should be able to compel arbitration is one of equitable estoppel, as defined by this court in Grigson. 210 F. 3d at 527. Grigson set forth two separate tests under which equitable estoppel may be used by a non-signatory to compel arbitration. Id. " 'First, equitable estoppel applies when the signatory to a written agreement containing an arbitration clause must rely on the terms of the written agreement in asserting its claims against the nonsignatory.' " Id. (quoting MS Dealer Serv. Corp. v. Franklin, 177 F. 3d 942, 947 (11th Cir. 1999)) (emphasis omitted). " 'Second [and alternatively], application of equitable estoppel is warranted when the signatory to the contract containing an arbitration clause raises allegations of substantially interdependent and concerted misconduct by both the nonsignatory and one or more of the signatories to the contract.' " Id. (quoting MS Dealer, 177 F. 3d at 947) (emphasis omitted). As discussed below, Deutsche Bank contends that it meets both of these tests.

2. Grigson's First Test

As noted above, the first Grigson test permits a non-signatory to enforce an agreement to compel arbitration through equitable estoppel when the signatory must rely on the terms of the agreement to bring its claim against the non-signatory. Grigson, 210 F. 3d at 527. This standard is met when each of the signatory's claims makes reference to or presumes the existence of the agreement. Id. The rationale behind this test is that equity does not permit a signatory to hold a non-signatory liable on the basis of the agreement containing the arbitration clause while denying the effect of the arbitration clause to the non-signatory. Id. at 528.

In this case, our focus is on the Customer's Agreement and the September 15 Representation Letter. As described earlier, the Customer's Agreement mandates arbitration of "all controversies which may arise between [Palmer Ventures and DBSI] concerning any transaction of [sic] construction, performance, or breach of this or any other agreement. . . " Deutsche Bank argues that this language requires the parties to arbitrate any allegations regarding the September 15 Representation Letter and that the September 15 Representation Letter contains disclaimers which are central to Deutsche

Bank's defense in this case. We must therefore determine whether Plaintiffs "must rely on the terms of the [September 15 Representation Letter] in asserting [their] claims" against Deutsche Bank. See Grigson, 210 F. 3d at 527.

Review of Plaintiffs' entire state court petition shows that Plaintiffs are not relying on the September 15 Representation Letter as the source of any of their claims. Instead, most of Plaintiffs' claims are based on prior misrepresentations generally made by KPMG. Plaintiffs' petition does, however, mention the September 15 Representation Letter in two of its 254 paragraphs, which state as follows:

138. At approximately the same time, KPMG gave Engquist a letter dated September 15, 1999 from Deutsche Bank. In that letter, Deutsche Bank asked Engquist to represent to the bank that "Deutsche Bank has had no involvement in, and accepts no responsibility for the establishment or promotion of the Growth Strategies [BLIPS]."

139. At the urging of KPMG, Engquist signed the September 15, 1999 letter from Deutsche Bank and made the above representation because Engquist believed it to be true, based upon representations made to him at the time by KPMG and Presidio.

From these paragraphs, it appears that Plaintiffs are attempting to set up a defense should Deutsche Bank argue that the September 15 Representation Letter bars Plaintiffs' claims. Plaintiffs are not, however, relying on the letter in asserting any of their claims against Deutsche Bank. 3

In reaching its decision, the district court cited Hill v. G. E. Power Systems, Inc., for the conclusion that even if a plaintiff's claims "touch matters" relating to the arbitration agreement, the claims are not arbitrable unless the plaintiff relies on the agreement to establish its cause of action. 282 F. 3d 343, 348 – 49 (5th Cir. 2002). That principle is equally applicable here. While the September 15 Representation Letter may play a role in the ultimate outcome of this suit, it is not a part of Plaintiffs' causes of action. Again, we return to the concept of equitable estoppel we articulated in Grigson—a signatory to an arbitration agreement cannot " 'have it both ways': it cannot, on the one hand, seek to hold the non-signatory liable pursuant to duties imposed by the agreement, which contains an arbitration provision, but, on the other hand, deny arbitration's applicability because the defendant is a non-signatory." Grigson, 210 F. 3d at 528. In this case, Plaintiffs are not trying to "have it both ways" because Plaintiffs are not relying on the September 15 Representation Letter to hold Deutsche Bank liable. As a result, equitable estoppel does not permit Deutsche Bank to enforce the arbitration agreement. Consequently, the district court did not abuse its discretion in determining that Deutsche Bank failed to meet the first Grigson test.

3. Grigson 's Second Test

The second Grigson test permits a non-signatory to compel arbitration when the signatory "raises allegations of substantially interdependent and concerted misconduct by both the nonsignatory and one or more of the signatories to the contract." Id. (internal quotation marks and emphasis omitted). Deutsche Bank suggests this test is not difficult to meet and quotes language from Brown v. Pacific Life Insurance Co., which states that the test is met when the claims against the non-signatory depend "in some part" on the tortious conduct of the signatory. 462 F. 3d 384, 398 – 99 (5th Cir. 2006). Deutsche Bank then concludes that, because Deutsche Bank and DBSI were part of the BLIPS strategy, this test is met. We disagree.

Key to the decision in Brown was the fact that none of the claims against the non-signatories could be considered without analyzing the "tortious acts" of the signatories. Id. In the instant case, although DBSI was involved in the BLIPS strategy by holding Plaintiffs' Investment Account, Deutsche Bank does not explain how Plaintiffs' claims against it necessarily require the court to consider any tortious acts committed by DBSI. Although Deutsche Bank may be understandably reluctant to identify any tortious actions or misconduct by DBSI (its indirect subsidiary), Deutsche Bank must do more than simply conclude that DBSI is intertwined with the facts of this case. As stated in Grigson, the standard is "substantially concerted and interdependent mis conduct. . . ." Grigson, 210 F. 3d at 527 (internal quotation marks omitted and emphasis modified).

According to Plaintiffs' petition and briefing, DBSI did nothing more than hold the Investment Account, and Plaintiffs do not contend such conduct is tortious in any way. While we do not deny the possibility that DBSI was more involved in the BLIPS strategy than Plaintiffs contend, Deutsche Bank has not shown that to be the case through information about specific individuals at DBSI or specific statements or events that demonstrate DBSI's involvement in the alleged misconduct. Instead, we are left only with the facts that DBSI held Plaintiffs' Investment Account and that DBSI had an unclear role in the September 15 Representation Letter. Therefore, given the lack of information regarding DBSI's role in any alleged misconduct, we cannot say that the district court abused its discretion in concluding that Deutsche Bank failed to meet the second Grigson test.

B. Agency

Deutsche Bank next contends that it is entitled to enforce the arbitration agreement because DBSI was acting as its agent. In support of this proposition, Deutsche Bank relies on two cases from the Second and Fourth Circuits. See JLM Indus., Inc. v. Stolt-Nielsen S. A., 387 F. 3d 163, 177 (2d Cir. 2004); J. J. Ryan & Sons, Inc. v. Rhone Poulenc Textile, S. A., 863 F. 2d 315, 320 – 21 (4th Cir. 1988). However, in neither of those cases did the court determine that an agency relationship alone was sufficient to permit a non-signatory to enforce the arbitration agreement. See JLM Indus., 387 F. 3d at 177; J. J. Ryan, 863 F. 2d at 320 – 21. Rather, the courts still looked at the connection between the claims, the arbitration agreement, and the parties—an analysis similar to the Grigson tests used in the Fifth Circuit. See JLM Indus., 387 F. 3d at 177; J. J. Ryan, 863 F. 2d at 320 – 21.

Fifth Circuit precedent also indicates that an agency relationship alone is insufficient to permit a non-signatory to compel arbitration. In Westmoreland v. Sadoux, we held that "a nonsignatory cannot compel arbitration merely because he is an agent of one of the signatories." 299 F. 3d 462, 466 (5th Cir. 2002). Instead, the court in Westmoreland subjected the alleged agent to the Grigson analysis to determine if he could enforce the arbitration agreement. Id. at 467. Thus, even if DBSI is Deutsche Bank's agent, Deutsche Bank must still satisfy the Grigson analysis, which it has failed to do. 4 Therefore, any alleged agency relationship between DBSI and Deutsche Bank is insufficient to overcome Deutsche Bank's inability to establish the elements of equitable estoppel identified in Grigson.

C. Other Case Law

Throughout its briefing, Deutsche Bank makes much of the fact that many other cases involving Deutsche Bank, DBSI, and similar tax strategies have all reached the conclusion that Deutsche Bank could compel arbitration. However, the cases that Deutsche Bank cited are all distinguishable from the instant lawsuit. In many of the cases, the signatory was a party to the lawsuit, and the plaintiff specifically pleaded that the non-signatory and signatories conspired together or that the signatory was guilty of other wrongdoing. See Amato v. KPMG, L. L. P., 433 F. Supp. 2d 460, 485 – 87 (M. D. Pa. 2006), vacated in part, No. 06CV39, 2006 WL 2376245, at *6 (M. D. Pa. Aug. 14, 2006); Keeter v. KPMG, L. L. P., No. 1: 04 – CV – 3759 – WSD, slip op. at 15 – 17 (N. D. Ga. Sept. 29, 2005); Galtney v. KPMG, L. L. P., No.

Civ. H05583, 2005 WL 1214613, at * 5 (S. D. Tex. May 19, 2005); Hansen v. KPMG, L. L. P., No. CV-04-10525-GLT, 2005 U. S. Dist. LEXIS 38137, at * 10 (C. D. Cal. Mar. 28, 2005). Similarly, in Chew v. KPMG, L. L. P., 407 F. Supp. 2d 790, 799 (S. D. Miss. 2006), the district court permitted Deutsche Bank to compel arbitration based on an agreement between the plaintiff and DB Alex Brown because both Deutsche Bank and DB Alex Brown were parties to the litigation and the plaintiff did not dispute that DB Alex Brown was the agent for Deutsche Bank. Also, in Alfano v. BDO Seidman, L. L. P., 925 A. 2d 22, 27-28 (N. J. Super. Ct. App. Div. 2007), the New Jersey Court of Appeals compelled arbitration based on the Customer's Agreement because DBSI actually conducted the trades at issue, and the complaint discussed the acts of the broker. Finally, in Reddam v. KPMG, L. L. P., No. SACV04-1227GLT, 2004 WL 3761875, at * 4-6 (C. D. Cal. Dec. 14, 2004), the district court permitted the non-signatories to compel arbitration through DBSI's Customer's Agreement. Although DBSI was not a named defendant, the complaint alleged that DBSI and the defendants were all agents of each other and engaged in interdependent misconduct. Id.

In sum, although the instant lawsuit may go against the prevailing trend, it is with good reason. Unlike the above-referenced cases, there are no specific allegations by any party in this case that DBSI had any role in the BLIPS strategy other than to be the home for the Investment Account. Again, while the facts may ultimately show that DBSI had a greater role than currently described, Deutsche Bank did not meet its burden of demonstrating DBSI's involvement in the alleged misconduct. Consequently, this case is different than those relied upon by Deutsche Bank, and the district court did not abuse its discretion in determining that Deutsche Bank could not compel arbitration.

V. CONCLUSION

For the foregoing reasons, we AFFIRM the decision of the district court and return this case to the district court for further proceedings consistent with this opinion.

专题三

仲裁员和仲裁庭

独立公正

◎ *No. R. G.* 99/11732/*A*（2006年，比利时布鲁塞尔一审法庭）

◎ *No.* 34 *SchH* 07/06（2007年，德国慕尼黑高等地方法院）

◎ *Applied Industrial Materials Corp. v. Ovalar Makine Ticaret Ve Sanayi, A. S.*（2007年，美国第二巡回上诉法院）

◎ *New Regency Productions, Inc. v. Nippon Herald Films, Inc.*（2007年，美国第九巡回上诉法院）

仲裁员与代理人的关系

◎ *Anders Jilkén v. Ericsson AB*（2006年，瑞典斯维亚上诉法院）

◎ *The Republic of Poland v. Eureko bv*（2006年，比利时布鲁塞尔一审法院）

◎ 贺某与郴州市扬生房地产开发有限公司请求撤销仲裁裁决案（2009年，中国湖南省郴州市中级人民法院）

仲裁员的国籍

◎ *No.* 9 *Sch* 2/07（2007年，德国卡尔斯鲁厄高等地方法院）

回避决定的作出机构

◎ *No.* 4891（2007年，意大利一审法院）

按期作出裁决的义务

◎ 2005年12月6日判决（2005年，法国最高法院）

组庭方式

◎ *Doña Cristina Victoria Utrilla Utrilla v. Explotaciones Mineras Justiniano S. L.*（2006年，西班牙马德里商事法院）

◎ 蔺某与云南兴林汽车贸易有限公司纠纷案（2009 年，中国云南省昆明市中级人民法院）
◎ 邦基农贸新加坡私人有限公司申请承认和执行英国仲裁裁决案（2007 年，中国最高人民法院）

◎独立公正

No. R. G. 99/11732/A

（2006 年，比利时布鲁塞尔一审法庭）

本案涉及客户与银行间的一份资产管理协议产生的争议仲裁。银行依据《比利时司法典》第 1691 条向布鲁塞尔一审法院就客户任命的仲裁员提出了异议，认为其已经在此前的 11 个仲裁程序中担任了仲裁员，并都是处理的与银行有关的类似事务，且均不利于银行，故其作为仲裁员并不满足独立和公正的要求。该名仲裁员认为，因为他已经接受了该任命，故依据《比利时司法典》第 1689 条他不会辞去仲裁员的职务。

一审法院作出裁定，解除该名仲裁员的职责，理由是在他参加的先前的六个仲裁程序中，都涉及指责同一银行不当行为的类似情形，因此导致产生对该仲裁员公正性和独立性的怀疑。

《比利时司法法典》[①] 第 1689 条

已接受委任之仲裁员不得辞职，除非第一审法院依其请求允许其辞职。法院应在当事人已被聆讯或由法院书记官以司法通知传唤后作出决定。法院之决定不得诉诸其他救济方式。

No. 34 *SchH* 07/06

（2007 年，德国慕尼黑高等地方法院）

本案中，在仲裁庭作出了有利于被告的部分裁决后，原告以其被剥夺了程序

① 第 6 编“仲裁”，1972 年 7 月 4 日通过，1998 年 5 月 19 日修订。

上的正当权利为由要求撤销裁决。原告的律师在宣誓陈述中称首席仲裁员拒绝给她的当事人解释他的观点和向仲裁庭陈述的机会。首席仲裁员随后给原告律师写了一封信，称她的陈述不是真实的，并且他会在案件结束后联系检察官控告她作伪证，除非她收回她的陈述并向他道歉。另外，他质疑律师代理她的客户是否有利益冲突，因为她在先前同时做了原告和被告的代理人。后来，原告要求撤换该首席仲裁员，理由是他存在偏见，且试图严重地威胁他的律师。在仲裁庭拒绝了原告的申请后，原告提起了诉讼。

慕尼黑地区高等法院认为尽管原告可以提出此种诉求，但不能获得支持。法院认为，衡量仲裁员的偏见的标准与法官是一样的。依据《德国民事诉讼法》第 1037 条第 2 款和第 42 条第 2 款，法官只有在有证据证明他的独立性和公正性有疑问时才能被认为是不合格的。这些证据须是客观的而非主观的。法院认为，本案中原告没能提出客观的证据。第一，首席仲裁员对原告律师的建议即认为律师代理她的客户可能会有利益冲突并不能构成偏见的理由。相反，首席仲裁员的建议反而是出于保护原告的利益。另外，原告律师并没有提出客观的理由证明首席仲裁员对她个人有偏见。当考虑到仲裁员的偏见可能会导致仲裁员与当事人律师的紧张关系，当事人在仲裁员的憎恶直接指向客户时可以反对仲裁员的所谓偏见。本案中，首席仲裁员通过书信的方式作出了他对律师的评价，这是一种与仲裁程序中的争议分开来讨论的方式。第二，首席仲裁员指出律师的宣誓陈述构成伪证罪也不是说明他有偏见的理由。这个行为是指向律师的而非原告本人。第三，首席仲裁员对律师陈述的反应也是仲裁员对不公正陈述的合理反应。仲裁正在进行中，仲裁员仍可以在法律规定的范围内采取合适的和客观的方式来为自己辩护。

Applied Industrial Materials Corp. v. Ovalar Makine Ticaret Ve Sanayi, A. S.

（2007 年，美国第二巡回上诉法院）

1992 年 *Ovalar Makine Ticaret Ve Sanayi, A. S.*（*Ovalar*）与 *Applied Industrial Materials Corp.*（AIMCOR）签订了一份合资协议，由 AIMCOR 向 Ovalar 运输石油焦，并由后者在土耳其经销。1997 年在合资协议下产生了争议，双方将争议提交到由三人组成的仲裁庭进行仲裁。2003 年，在仲裁庭组成之后，AIMCOR 被另外一个公司所收购。仲裁庭的首席仲裁员是一家大型公司的 CEO，其披露中表明“他与仲裁程序中的当事人或下属公司没有任何私人或商事往来……并且如有必要，有权修改或补充声明。”2005年在仲裁确定责任阶段，首席仲裁员了解到他的公司的一个部门与AIMCOR的收购者有过谈判，并立即将这一事实通知了当事人。任何一方当事人都没有反对首席仲裁员继续参加仲裁程序。后仲裁庭作出了一个不利于Ovalar的部分裁决。Ovalar开始了对首席仲裁员的公司与AIMCOR的收购者之间的关系的调查，并认为首席仲裁员的公司的一部门自从2004年起一直都在为AIMCOR的收购者运输石油焦，并且这一关系使得首席仲裁员的公司获利几十万美元。Ovalar要求首席仲裁员从仲裁庭中退出，但被首席仲裁员拒绝。首席仲裁员告诉当事人当他起初了解到他的公司与AIMCOR的收购者之间的协商后，他告诉该部门主管他并不想知道有关协商的或随后与AIMCOR的收购者商业关系的任何事情，所以他在Ovalar告诉了他之前，并不知悉这层商业关系。

Ovalar要求撤销这个部分裁决，AIMCOR却寻求承认该裁决。依据《联邦仲裁法》第10章（a）（2），在仲裁员有明显的偏袒时，法庭可以撤销裁决。纽约南区法院撤销了该裁决。在上诉中，第二巡回上诉法院肯定了地区法院的裁定。然而，上诉法院并没有依据地区法院的推理，并指出地区法院所采用的“偏袒的表露”的标准不合适。依据上诉法院自己的分析，首先它指出仲裁员不会因为与一方当事人的商业关系而自动不合格，只要这一关系提前告知了双方当事人，而且仲裁员也不会因为她没有披露不重要的关系而自动不合格。然而，当一名仲裁员有理由相信会有重要的利益冲突存在时，她必须调查这个冲突（并且披露任何通过调查取得的信息），或者披露她相信存在冲突的理由和不打算调查的意图。上诉法院强调没有调查不是撤销裁决的充分理由。仲裁员既没有调查潜在的冲突也没有披露她不打算调查的意图，这需要与其他因素一起考虑。上诉法院肯定了地区法院的裁定，同意撤销裁决。

☞ 判决摘录

DISCUSSION

When reviewing a district court's decision to vacate an arbitration award, we review findings of fact for clear error and questions of law de novo. See Wackenhut Corp. v. Amalgamated Local 515, 126 F. 3d 29, 31 (2d Cir. 1997).

The Federal Arbitration Act, 9 U. S. C. § 10 (a), provides that: In any of the following cases the United States court in and for the district wherein the award was made may make an order vacating the award upon the application of any party to the arbitration --

(1) where the award was procured by corruption, fraud, or undue means; [or]

(2) where there was evident partiality or corruption in the arbitrators, or either of them; ....

The Supreme Court addressed the meaning of "evident partiality" under § 10 (a) (2) in Commonwealth Coatings Corp. v. Continental Casualty Co., 393 U. S. 145 (1968), and concluded that it existed when one of the parties was a regular, though sporadic, customer of an arbitrator, who failed to disclose that fact. Id. at 146 – 48. There, although there was no evidence of actual bias on the part of the arbitrator, Justice Black, writing for a plurality of the Court, stated that, "[w] e can perceive no way in which the effectiveness of the arbitration process will be hampered by the simple requirement that arbitrators disclose to the parties any dealings that might create an impression of possible bias." Id. at 149. Justice Black imported this rigorous standard from those safeguarding the impartiality of Article III judges. See id. He further concluded that when the parties have the relevant information at their disposal, it is up to them to decide whether a conflict is significant enough to warrant an objection. Id.

Justice White, concurring, underscored the importance of disclosing conflicts at the outset of an arbitration. He also emphasized that federal courts ought not to hold arbitrators to the strict impartiality standards applicable to Article III judges: "it is enough for present purposes to hold, as the Court does, that where the arbitrator has a substantial interest in a firm which has done more than trivial business with a party, that fact must be disclosed." Id. at 151 – 52 (White, J., concurring). He concluded that "arbitrators are not automatically disqualified by a business relationship with the parties before them if both parties are informed of the relationship in advance, or if they are unaware of the facts but the relationship is trivial." Id. at 150.

In Morelite Construction Corp. v. New York City District Council Carpenter Benefit Funds, 748 F. 2d 79 (2d Cir. 1984) ("Morelite"), we concluded that the fractured court in Commonwealth Coatings and our precedent provided us "with little guidance concerning what standard is to be applied in construing the 'evident partiality' language of the statute. See Morelite, 748 F. 2d at 83. We held that a father-son relationship between an arbitrator and an officer of one party to the arbitration rose to the level of "evident partiality." Id. at 84. Noting that in Commonwealth Coatings Justice Black did not speak for a majority of the Court, we elected to followed

Justice White's reasoning that arbitrators are not subject to the same standards of impartiality as Article III judges. See id. at 82 – 84. Finding "the standard of 'appearance of bias' ... too low" and " 'proof of actual bias' too high," we held "that 'evident partiality' within the meaning of 9 U. S. C. § 10 will be found where a reasonable person would have to conclude that an arbitrator was partial to one party to the arbitration." Morelite, 748 F. 2d at 84. Unlike a judge, who can be disqualified "in any proceeding in which his impartiality might reasonably be questioned," Apple v. Jewish Hosp. & Med. Ctr., 829 F. 2d 326, 332 – 33 (1987) (emphasis added), an arbitrator is disqualified only when a reasonable person, considering all of the circumstances, "would have to conclude" that an arbitrator was partial to one side, Morelite, 748 F. 2d at 84 (emphasis added).

An arbitrator who knows of a material relationship with a party and fails to disclose it meets Morelite's "evident partiality" standard: A reasonable person would have to conclude that an arbitrator who failed to disclose under such circumstances was partial to one side. Here, the court below did not make findings as to the nature and timing of the arbitrator's knowledge of the relationship between SCF and Oxbow. Instead, the district court focused on whether or not there was an "appearance of partiality" on the part of the arbitrator, a standard that we have made clear is too low. See id. As a result, we cannot evaluate whether the arbitrator had knowledge of the relationship that would compel a reasonable person to conclude that he was partial. Were this the only issue before us, we would be inclined to remand to the district court for further development of this issue. See, e. g., United States v. Int'l Bhd. of Teamsters, 170 F. 3d 136, 146 – 47 (2d Cir. 1999) (remanding for further consideration where the district court applied the wrong standard for disqualification of an arbitrator); Sanko S. S. Co. v. Cook Indus., Inc., 495 F. 2d 1260, 1263 (2d Cir. 1973) (remanding for evidentiary hearing on the full nature of the relationships at issue so that the district court could follow the holding of Commonwealth Coatings).

However, our analysis does not end there. While the presence of actual knowledge of a conflict can be dispositive of the evident partiality test, the absence of actual knowledge is not. Indeed, in Morelite, we did not address the scope of an arbitrator's duty to investigate or disclose potential conflicts of interest. We now conclude that if we are to take seriously Justice White's statement that "arbitrators are not automatically disqualified by a business relationship with the parties before them if both parties are informed of the relationship in advance, or if they are unaware of the facts but the relationship is trivial," Commonwealth Coatings, 393 U.S. at 150 (White, J., concurring) (emphasis added), arbitrators must take steps to ensure that the parties are not misled into believing that no nontrivial conflict exists. It therefore follows that where an arbitrator has reason to believe that a nontrivial conflict of interest might exist, he must (1) investigate the conflict (which may reveal information that must be disclosed under Commonwealth Coatings) or (2) disclose his reasons for believing there might be a conflict and his intention not to investigate. Cf. ANR Coal Co. v. Cogentrix of N.C., 173 F.3d 493, 500 n.4 (4th Cir. 1999) ("[I]f an arbitrator fails to investigate facts that come to light after the award, and those facts are not trivial, the aggrieved party may use this information to demonstrate evident partiality...."). But see Gianelli Money Purchase Plan & Trust v. ADM Investor Servs., Inc., 146 F.3d 1309, 1312-13 (11th Cir. 1998) (stating that evident partiality only exists when an arbitrator knows of a potential conflict but fails to disclose it to the parties).

We emphasize that we are not creating a free-standing duty to investigate. The mere failure to investigate is not, by itself, sufficient to vacate an arbitration award. But, when an arbitrator knows of a potential conflict, a failure to either investigate or disclose an intention not to investigate is indicative of evident partiality.

Turning once again to Morelite, the question before us is whether a reasonable person, looking at an arbitrator's decision not to investigate and his concomitant failure to inform the parties of the "Chinese Wall," * fn1 would conclude that evident partiality existed. Here, the arbitrator was under an ongoing obligation to disclose conflicts and had previously assured the parties that he intended to comply with that obligation. Once he learned that a branch of his company was negotiating with Oxbow to enter into a business relationship, he knew, at a minimum, that a potential conflict existed. It is possible that the arbitrator believed in good faith that because the potential transaction involved a subsidiary, would generate revenue that was small in light of the size of his business, and was far removed from his daily concerns, nothing had occurred that would affect his ability to be fair and impartial.

However, as Commonwealth Coatings and Morelite make clear, subjective good faith is not the test. Once the arbitrator was aware that a nontrivial conflict of interest might exist, the calculus changed. A reasonable observer attempting to assess whether evident partiality existed would, we think, be given pause by a number of significant facts: the arbitrator had a continuing duty to ensure that neither he nor his corporation had "a direct or indirect interest in the outcome of the arbitration." When the arbitrator learned of mere discussions between the two companies, he disclosed that fact alone. * fn2 Had he investigated the potential conflict, that investigation would have revealed that a relationship between SCF and Oxbow already existed and had generated $275,000 in revenue, not a trivial amount. See Commonwealth Coatings, 393 U.S. at 148 (finding that the arbitrator's business relationship with one of the parties was significant, even though "[t]he payments received were a very small part of [the arbitrator's] income" (internal quotation marks omitted)); see also id. at 151 - 52 (White, J., concurring) (agreeing that the business relationship was not trivial and that the arbitrator was required to disclose it). Yet the arbitrator failed to investigate those discussions or disclose that he would make no further inquiries. We believe that, given these circumstances, a reasonable person would have to conclude that evident partiality existed.

The standard of disclosure we apply is not an onerous one. Disclosure serves the twin goals of "encourag[ing] conflicts over arbitrators to be dealt with early in the arbitration process and help[ing] limit the availability of collateral attacks on arbitration awards by a disgruntled party." Lucent Techs. Inc. v. Tatung Co., 379 F.3d 24, 29 (2d Cir. 2004) (internal quotation marks omitted). As Justice White noted in Commonwealth Coatings, "it is far better that the relationship [i.e., a potential conflict between an arbitrator and a party] be disclosed at the outset, ... than to have the relationship come to light after the arbitration, when a suspicious or disgruntled party can seize on it as a pretext for invalidating the award." 393 U.S. at 151 (White, J., concurring). It is certainly true that an arbitrator "cannot be expected to provide the parties with his complete and unexpurgated business biography." Id. But the distance between that type of disclosure and what we would require here is sufficiently great to affirm the district court.

CONCLUSION

The order of the district court denying petitioner's motion to confirm the arbitration award and granting the respondents' motion to vacate the arbitration award is AFFIRMED.

New Regency Productions, Inc. v. Nippon Herald Films, Inc.
（2007年，美国第九巡回上诉法院）

1995年New Regency与Nippon Herald签订了一个合同，由Nippon Herald在日本发行New Regency制作的5部电影。2003年6月Nippon Herald在日本法院起诉了New Regency，称New Regency违反了发行合同。数月之后，Nippon Herald撤回了起诉，将争议提交仲裁解决。

Nippon Herald和New Regency共同选定了独任仲裁员。仲裁员于2004年12月作出的最终裁决中，裁定Nippon Herald支付New Regency近200万美元。当New Regency向加利福尼亚地区法院申请承认该裁决时，Nippon Herald申请撤销该裁决。Nippon Herald提出的理由之一为仲裁员没有披露在2004年7月他开始担任Yari电影公司的副董事长和首席执行官职务。而在仲裁员开始履行职责之时，Yari电影公司为New Regency制作的电影提供资金并与New Regency合作制作电影。地区法院支持了Nippon Herald的撤销裁决，认为撤销裁决是合适的因为仲裁员没有披露他与Yari电影公司的关系从而导致可能存在偏袒的印象。

在上诉中，第九巡回上诉法院维持了地区法院的裁决。法院首次指出《联邦仲裁法》第10章（a）（2）规定地区法院在仲裁员表现出“明显的偏袒”时可以撤销裁决。法院还指出“明显的偏袒”与事实上的偏袒有区别。并且基于“明显的偏袒”而寻求撤销裁决的一方当事人不需要证明仲裁员在裁决案件时有偏袒或错误。相反，仲裁员没有向当事人披露可能导致偏袒印象的关系时足以支持撤销裁决。在本案中，法院认定仲裁员没有披露他在一家与仲裁中的一方当事人有着密切商业联系的公司里有着重要的利益。法院认为无论仲裁员有无意识到该披露的事实都是不重要的，在本案的情形中，当仲裁员接受Yari电影公司的高级职位时仲裁程序还在进行中，他有义务调查潜在的冲突。因为仲裁员违反了调查的义务，也因为没有披露的冲突“不是琐碎的”，故法院撤销了裁决。

☞ 判决摘录

3. Discussion

If the facts of Yari Film Group's negotiations for "The Night Watchman" had been known to Immerman prior to the completion of the arbitration, we would have no trouble concluding that his failure to disclose them to the parties would support vacatur of the arbitration award on the ground of evident partiality. Even if Milchan was not directly representing New Regency in negotiations with Yari Film Group, she was an executive for New Regency and the daughter of its principal owner and chief executive officer. Indeed, Immerman himself had considered past negotiations of deals "with various executives of New Regency prior to their becoming executives [*15] at New Regency" significant enough to disclose them in November 2003, during the arbitrator selection process. (Emphasis added.) "The Night Watchman" was a significant project. Beginning in mid-July, Immerman was a high-level executive at Yari Film Group, responsible, by his own account, for overseeing its business affairs and legal department and assisting its production department. These facts show that Immerman "ha [d] a substantial interest in a firm which [was doing] more than trivial business" closely connected to a party to the arbitration. See Commonwealth Coatings, 393 U. S. at 151 – 52 (White, J., concurring).

New Regency argues on appeal that evident partiality cannot be established because the evidence does not establish that Immerman had actual knowledge of the facts he failed to disclose. This argument is contrary to Schmitz, where we held that an arbitrator's lack of actual knowledge of the presence of a conflict does not excuse non-disclosure where the arbitrator had a duty to investigate, and thus had constructive knowledge of, the conflict. 20 F. 3d at 1048. While we did not hold in Schmitz that arbitrators have a duty to investigate potential conflicts in all cases, we concluded that such a duty did exist where an arbitrator's firm represented the parent corporation of one of the parties and the procedures of the arbitral body required arbitrators to make a reasonable effort to inform themselves of potential conflicts. Id. at 1048 – 49; cf. Al-Harbi, 85 F. 3d at 682 – 83 (finding no evident partiality based on fact that, unbeknownst to arbitrator, his "former law firm" represented a party to the arbitration on unrelated matters and distinguishing Schmitz on the ground that in the present case "the alleged evident partiality arises not from a representation by any firm with which the arbitrator was connected at the time of the arbitration" (emphasis in original)).

Other courts of appeals have agreed with our holding in Schmitz that evidence of an arbitrator's actual knowledge of undisclosed facts is not always necessary to establish evident partiality. In Applied Indus. Materials Corp. v. Ovalar Makine Ticaret Ve Sanayi, A. S., 492 F. 3d 132, 2007 WL 1964955 (2d Cir. 2007), the Second Circuit held that an arbitration award could be vacated for evident partiality where one of three arbitrators, the chairperson, president, and CEO of a "multi-billion dollar company with 50 offices in 30 countries," "fail [ed] to either investigate what he knew to be a potential business relationship between his corporation" and a parent company of a party "or inform them that he had walled himself off from learning more." Id. 492 F. 3d 132, [WL] at *1. The court began with the proposition that where "[a]n arbitrator... knows of a material relationship with a party and fails to disclose it," "[a] reasonable person would have to conclude" that the arbitrator was evidently partial. Id. 492 F. 3d 132, [WL] at *4. But because the record did not show "the nature and timing of the arbitrator's knowledge" of the relationship between his company and the parent company of the party, the court's analysis did not end there. Id. It noted that Justice White had stated in concurrence in Commonwealth Coatings that "'arbitrators are not automatically disqualified by a business relationship with the parties before them if both parties are informed of the relationship in advance, or if they are unaware of the facts but the relationship is trivial.'" Id. (quoting Commonwealth Coatings, 393 U. S. at 150 (White, J., concurring)) (emphasis in original). While declining to impose on arbitrators a "freestanding duty to investigate," the court read Justice White's statement to require that "where an arbitrator has reason to believe that a nontrivial conflict of interest might exist," the arbitrator must either investigate the circumstance or disclose his or her intention not to investigate. Id. 492 F. 3d 132, [WL] at *4-5. Otherwise, parties might be "misled into believing that no nontrivial conflict exists." Id. 492 F. 3d 132, [WL] at *4.

The Second Circuit in Applied Industrial Materials cited the Fourth Circuit's opinion in ANR Coal Co., v. Cogentrix of North Carolina, Inc., 173 F. 3d 493 (4th Cir. 1999). There the court stated that "if an arbitrator fails to investigate facts that come to light after the award, and those facts are not trivial, the aggrieved party may use this information to demonstrate evident partiality under 9 U. S. C. § 10 (a) (2)." Id. at 499 n. 4. The court declined to recognize that an arbitrator has a general duty to investigate, but suggested that should the arbitrator fail to perform due diligence in identifying conflicts, an undiscovered, "not trivial" conflict may result in vacatur. Id.

In Olson v. Merrill Lynch, Pierce, Fenner & Smith, Inc., 51 F. 3d 157 (8th Cir. 1995), the Eighth Circuit reversed the district court's order confirming an arbitration award because the arbitrator had failed to disclose his job title and that his employer had "ongoing business relationships" with one of the parties. Id. at 158.

Although the arbitrator "was not personally involved in" those relationships, the court wrote that "as a high ranking officer," he had "a substantial interest" in his firm, which "did more than trivial business" with the party. Id. at 159. The court did not discuss whether the arbitrator had any actual knowledge of his firm's dealings with the party.

We are aware of only one court of appeals that has adopted a per se rule that a finding of evident partiality is precluded by an arbitrator's lack of "actual knowledge of the information upon which [an] alleged 'conflict' was founded." Gianelli Money Purchase Plan & Trust v. ADM Investor Servs., Inc., 146 F. 3d 1309, 1313 (11th Cir. 1998). In Gianelli, the Eleventh Circuit disapproved of our decision in Schmitz. But even if we were persuaded that Schmitz was wrongly decided, we would be bound to follow it as the law of our circuit.

For a number of reasons we conclude, in the circumstances of this case, that Immerman had a duty to investigate potential conflicts when he accepted a high-level executive position at Yari Film Group while the arbitration was ongoing. First, the parties could reasonably have expected Immerman to investigate potential conflicts when, during the pendency of the arbitration, he took a job, the duties of which included overseeing the legal department of another film company. Schmitz, 20 F. 3d at 1048. We believe that his decision to accept a new high-level executive job at a company in the same industry as the parties during the arbitration is precisely the type of situation "where an arbitrator has reason to believe that a nontrivial conflict of interest might exist" and should investigate to determine the existence of potential conflicts. See Applied Indus. Materials Corp., 492 F. 3d 132 at, 2007 WL 1964955 at *4.

Second, the disclosure provisions of the AFMA's arbitral rules impose on Immerman a duty to investigate and disclose conflicts. See Schmitz, 20 F. 3d at 1049. Section 6.5 of the AFMA Rules for International Arbitration (2002) provides that "[a] prospective arbitrator shall disclose to the Arbitral Agent and the parties in connection with such arbitrator's possible appointment as arbitrator any circumstances likely to give rise to justifiable doubt as to the arbitrator's impartiality or independence as to the parties or the matter in dispute in accordance with the procedural law of the jurisdiction of the place of the arbitration, or, if none is specified, then the laws of the State of California." California Code of Civil Procedure § 1297.121 requires arbitrators in international arbitrations, see id. §§ 1297.11, 1297.13, to "make a disclosure to the parties of any information which might cause their impartiality to be questioned." This obligation is ongoing "[f] rom the time of appointment and throughout the arbitral proceedings." Id. § 1297.123. While this language does not "expressly provide [ ] that the arbitrator must 'investigate' whether he has any of the questionable relationships and/or interests, ... [it] necessarily implicates a duty to investigate whether instances of potential conflict exist." HSMV Corp. v. ADI Ltd., 72 F. Supp. 2d 1122, 1129 (C. D. Cal. 1999), disapproved on other grounds in Fidelity Fed. Bank, 386 F. 3d at 1313.

We also note that Canon I (C) of the American Arbitration Association and American Bar Association Code of Ethics for Arbitrators in Commercial Disputes (2004) states that "[a] fter accepting appointment and while serving as an arbitrator, a person should avoid entering into any business, professional, or personal relationship, or acquiring any financial or personal interest, which is likely to affect impartiality or which might reasonably create the appearance of partiality." Canon II (B) of the code also provides that arbitrators have an ongoing duty to "make a reasonable effort to inform themselves of any interests or relationships" subject to disclosure. General Standard 7 (c) of the International Bar Association Guidelines on Conflicts of Interest in International Arbitration (2004) states that "[a] n arbitrator is under a duty to make reasonable enquiries to investigate any potential conflict of interest, as well as any facts or circumstances that may cause his or her impartiality or independence to be questioned." The standard continues: "Failure to disclose a potential conflict is not excused by lack of knowledge if the arbitrator makes no reasonable attempt to investigate."

Although these sources are not binding authority and do not have the force of law, when considered along with an attorney's traditional duty to avoid conflicts of interest, they reinforce our holding in Schmitz that "a reasonable impression of partiality can form when an actual conflict of interest exists and the lawyer has constructive knowledge of it. That the lawyer forgot to run a conflict check... is not an excuse." 20 F. 3d at 1048 (citations omitted); see also Commonwealth Coatings, 393 U. S. at 149 (treating the AAA rules as persuasive authority).

Third, the parties could have reasonably expected Immerman to disclose his new employment at Yari Film Group based on his prior pattern of conduct in the arbitration. As New Regency itself noted in its response to Nippon Herald's petition to vacate the award at the district court, in addition to disclosing that he had negotiated deals with executives of New Regency prior to their becoming executives there, "[t] he Arbitrator also provided a detailed biography with a comprehensive employment history." New Regency used these disclosures to argue that vacatur was improper because the arbitrator's disclosure of his past employment history and business dealings placed the onus on Nippon Herald to make further inquiries. Yet it is not reasonable to expect Nippon Herald to investigate potential conflicts with Yari Film Group when Immerman never revealed he had taken a high-level executive job at that company. In fact, it is precisely against the background of previously disclosed information that Immerman's failure to disclose his new position might have "misled" Nippon Herald "into believing that no nontrivial conflict exist [ed]." Applied Indus. Materials Corp., 492 F. 3d at, 2007 WL 1964955, at *4.

Under these circumstances, Immerman had a duty when he accepted the new job at Yari Film Group to investigate the possible conflicts that might arise from his new employment. However, even though Immerman breached his duty to investigate, vacatur is only appropriate if the conflict left undisclosed was real, see Schmitz, 20 F. 3d at 1049, and "not trivial." ANR Coal Co., Inc., 173 F. 3d at 499 n. 4. Understandably, courts have rejected claims of evident partiality based on long past, attenuated, or insubstantial connections between a party and an arbitrator. See, e. g., Positive Software Solutions, Inc. v. New Century Mortgage Corp., 476 F. 3d 278, 284 (5th Cir. 2007) (en banc) (collecting cases). As Justice White explained in his concurrence in Commonwealth Coatings, it would be unrealistic to expect an arbitrator to "provide the parties with his complete and unexpurgated business biography." Commonwealth Coatings, 393 U. S. at 151 (White, J., concurring).

The conflict alleged by Nippon Herald is real and nontrivial. "The Night Watchman" negotiation was not distant in time, but rather ongoing during the arbitration. Nor was the connection between Yari Film Group and New Regency attenuated. Even if Milchan was not directly representing New Regency in the negotiations, she had substantial ties to the company as an executive of the company and the daughter of its principal owner and chief executive officer. Although the record does not allow us to place a dollar value on "The Night Watchman," taking into account the high-profile nature of the film project itself, and the size of Yari Film Group's business, we cannot conclude that the negotiation was unimportant to Yari Film Group.

Under these circumstances, we hold that Immerman had a duty, when he accepted the new job at Yari Film Group during the arbitration, to investigate the possible conflicts that might arise from his new employment. We hold further, in light of that duty, that Immerman's failure to disclose facts that show a reasonable impression of partiality is sufficient to support vacatur, notwithstanding the lack of evidence of his actual knowledge of those facts.

While we are cognizant of the public interest in efficient and final arbitration, we believe that a rule encouraging "arbitrators [to] err on the side of disclosure" is consistent with that interest. Id. at 152. As Justice White explained in Commonwealth Coatings, the "arbitration process functions best" where early and full arbitrator disclosure fosters "an amicable and trusting atmosphere" conducive to "voluntary compliance with the decree." Id. at 151.

Conclusion

For the foregoing reasons, we hold that the district court did not err in vacating the arbitration award on the ground of evident partiality.

AFFIRMED.

◎仲裁员与代理人的关系

Anders Jilkén v. Ericsson AB
（2006 年，瑞典斯维亚上诉法院）

本案涉及一名前雇员与 Ericsson AB 的仲裁。双方分别委任了一名仲裁员。这两名仲裁员任命了前最高法院法官 Johan Lind 为仲裁庭的首席仲裁员。仲裁庭作出了有利于 Ericsson 的裁决。在裁决作出后，员工发现瑞典律师事务所 Mannheimer Swartling 及首席仲裁员与 Ericsson 有着长期的商业关系。Ericsson 多年来是这家律师事务所的主要客户，Ericsson 的法律顾问以前是这家律师事务所的合伙人并且现在与这家律师事务所的合伙人有着很好的私人关系。另外，律师事务所还负有不接受不利于 Ericsson 的案件的义务，并且首席仲裁员在那里有办公室并与事务所有着合作关系。另外，在律师事务所的网站上，首席仲裁员被描述自 2001 年为这个律师事务所的合作者或顾问。

斯维亚上诉法院起初命令裁决在法院作出最终决定前不能得到执行。上诉法院称其公正的认定是建立在客观的标准上。斯维亚上诉法院分析了在这个特殊的案件中前任法官 Lind 与律师事务所的关系，他的办公室，Ericsson，律师事务所和 Lind 的客户关系。法院得出前任法官 Lind 与 Ericsson 并没有任何客户关系的结论。他履行顾问所得的报酬是以小时来计算；尽管他在律师事务所有办公室，但他并没有完全地融入律所，并且他不是合伙人。另外，法院还发现前任法官 Lind 为 Ericsson 提供了法律意见，但并不是关于劳工方面的而是针对另一个公司的。法院还发现 Lind 的仲裁业务与他作为法律顾问是分开的且与律师事务所并没有利益关联，使用律师事务所的设备是向 Lind 收费的。法院还发现 Lind 的仲裁业务并不是律所业务的一部分。法院作出结论就是作为律所的顾问这层关系并不构成降低 Lind 公正的情形。仲裁的业务和为 Ericsson 提供非劳工争议的其他法律意见不会影响法院的判定。斯维亚上诉法院认为 Lind 应该披露他与律所的关系以及律所与 Ericsson 的关系，这会使当事人考虑这个事实。但法院认为这种情形并不导致对 Lind 及他的公正信任度的降低。法院指出披露会给予当事人考虑是否存在关于公正的争议的可能性。他虽然没有履行他向公众完全披露他与 Ericsson 的关系的义务这个事实但并不足以认为 Lind 在仲裁中是不公正的。

The Republic of Poland v. Eureko bv
（2006 年，比利时布鲁塞尔一审法院）

Eureko BV 与波兰共和国签订了股份转让的协议。后双方当事人发生争议，Eureko BV 遂依据 1992 年荷兰与波兰共和国签订的双边投资协定提起了针对波兰的仲裁程序。仲裁庭组成后，波兰方提出要求一名仲裁员回避，因为这名仲裁员与 Sidley Austin 律师事务所有联系，这家律所在 *The American Lawyer's Focus* 杂志上被表明是 Cargill 的法律顾问，Cargill 是原告在另一个仲裁程序中的被告。原告称依据这些情形，他可以对仲裁员的公正和独立产生合理的怀疑。

仲裁员称他并没有涉及 Cargill 的案件，并称他的办公室在华盛顿，与 Sidley Austin 律师事务所是独立的，由 Sidley Austin 和 *The American Lawyer's Focus* 杂志在媒体上发布的不同的报告是本应被删减过或者修改过的。法院裁定没有证据证明仲裁员涉及 Cargill 案并且仲裁员在华盛顿拥有的办公室与原告在另一个案件中的被告的法律顾问在同一栋写字楼这个事实不能足以支持对仲裁员公正性和独立性的怀疑。法院宣布这个回避的请求是没有根据的。

贺某与郴州市扬生房地产开发有限公司请求撤销仲裁裁决案

（2009 年，中国湖南省郴州市中级人民法院）

申请人贺某请求依法撤销裁决书的理由之一是：仲裁庭的组成违法。本案的代理人与仲裁员同在一个办公室办公，且是领导与被领导关系，属于仲裁法规定的其他关系，可能影响公正裁决的情形。

关于仲裁庭的组成是否违法，法院认为：《中华人民共和国仲裁法》第 31 条对仲裁庭的组成作出了相应规定，当事人约定由三名仲裁员组成仲裁庭的，应当各自选定或者各自委托仲裁委员会主任指定一名仲裁员，首席仲裁员由当事人共同选定或者共同委托仲裁委员会主任指定。本案中，仲裁庭的组成人员之一是申请人贺某自己选定的，申请人及其代理人对此事均已明知，且在仲裁过程中一直未提出回避申请，双方对仲裁庭的组成均无异议。现申请人以自己选定的仲裁员与自己的代理人是同事为由请求撤销仲裁，其理由不能成立，法院不予支持。

◎仲裁员的国籍

No. 9 *Sch* 2/07

（2007 年，德国卡尔斯鲁厄高等地方法院）

2006 年 7 月 19 日台湾仲裁协会作出了命令债务人支付 377 300 美元和 296 250 新台币以及利息的裁决。裁决债权人在德国寻求执行裁决。然而，裁决债务人反对执行裁决，其提出的抗辩理由之一是：三名台湾仲裁员违背了中立的原则以及德国的公共政策。

关于仲裁员的挑选，卡尔斯鲁厄地区高等法院认为本案中仲裁员的挑选方式（由仲裁协会任命）以及仲裁员都是相同国籍这个事实不是拒绝承认和执行的理由。法院认为通过解释和分析仲裁条款即要求台北唯一的仲裁机构来选择仲裁员是合适的，因为仲裁条款没有规定任命仲裁员的方式，并且仲裁条款也明确地提到台北（……将争议提交台北仲裁）。即法院可以依据《台湾仲裁法》第 11 ~ 12 条任命替代仲裁员。债务人如果要希望阻止裁决的承认和执行，则应该提出更好的办法来选择仲裁员。仅仅依据三名仲裁员和裁决债权人的国籍相同的巧合不能构成违反中立原则的理由。债务人应该举出更为具体的证据来证明仲裁员事实上存在偏袒。

◎回避决定的作出机构

No. 4891

（2007 年，意大利一审法院）

在本案中，仲裁由米兰商事仲裁院进行。仲裁条款规定争议应依据《米兰商会规则》来处理。被告承认了仲裁条款的效力但反对米兰商会下面的仲裁院作为审理的机构。因此，被告要求米兰一审法院作出让仲裁庭放弃管理仲裁程序的命令。商会依据当事人双方签署的仲裁协议履行了自身义务。依据商会规则，当被告没有任命仲裁员时，商会的仲裁院任命了仲裁员。后被告依据《民事诉讼法典》第 815 条向仲裁所在地的一审法院的院长就该受委任的仲裁员提出回避，理由是他与仲裁院的一名成员有着密切关系。

法院驳回了异议，裁定任何有关任命仲裁员的方式和形式的决定都由仲裁院作出。法院认为仲裁条款提到了米兰商会下面的仲裁院规则的第 1 条规定这些条款适用于当事人协议中提到的在当地商会进行的仲裁程序。另外，法院还认为，该规则第 11 条清楚地规定当被告没有参加仲裁时仲裁也应继续。第 15 条规定了仲裁院任命替代仲裁员。因此，法院认为商会正确地适用了规则。至于回避所依据的理由，法院认为《民事诉讼法典》第 832 条明确地规定了当事人约定仲裁适用确定的仲裁规则，就不能在异议程序中适用第 815 条。在本案中，《米兰商会规则》第 20 条应该适用，因此只有仲裁院才能作出决定。

《意大利民事诉讼法典》

第 815 条　拒绝接受仲裁员

如果仲裁员不是由当事人亲自指定，根据第 51 条所述的理由，当事人可以拒绝接受该仲裁员。

当事人应在指定通知书送达 10 日内，或虽超过此期限，自知悉存在拒绝接受该仲裁员的理由之日起 10 日内，按照第 810 条第 2 款的规定，向仲裁院院长提出拒绝接受的请求。院长听取被拒绝接受的仲裁员的意见，必要时提出询问，之后应作出决定。对此决定，任何人无权提起上诉。

第 832 条　国际仲裁

签订仲裁条款或仲裁协议之日，当事人至少有一方住所地或主要营业地在国外，或者有关争议关系引起的责任实质性部分是在国外履行的，本篇第1章至第6章的条款适用于仲裁，但不得与本章规定相抵触。

国际公约的规定应适用于所有仲裁案。

◎按期作出裁决的义务

2005年12月6日判决

（2005年，法国最高法院）

在本案裁决被撤销后，一方当事人就仲裁员的责任提起了诉讼。一审法院作出认定仲裁员的责任并责令仲裁员赔偿损害的判决，但上诉法院推翻该判决。尽管上诉法院认可了仲裁员已经违反了在当事人所约定的时间内作出裁决的义务，但上诉法院也认为判断仲裁员的责任不能仅仅依赖于存在此种违反，还需要认定仲裁员自身的错误，特别是在仲裁程序中缺乏勤勉。后当事人就此又向最高上诉法院提起异议，最高上诉法院推翻了上诉法院的判决，认为在没有相关协议或当事人没有适用有关协议的情形下，仲裁员有义务确保仲裁裁决作出的期限不扩展到仲裁程序后，并且有义务请求法官来延长期限。因此，本案中的仲裁员应对已过期限负有责任。

◎组庭方式

Doña Cristina Victoria Utrilla Utrilla v. Explotaciones Mineras Justiniano S. L.

（2006年，西班牙马德里商事法院）

2006年4月17日，马德里商事一审法院应仲裁一方当事人的请求已委任了一名仲裁员。对方当事人以不存在仲裁条款为由反对此项委任。对方当事人认为，本案中的仲裁条款规定仲裁员应作为友好仲裁员履行其职责，因为友好仲裁员应该依据公正来作出决定，而本案涉及公司法定事务，故该仲裁条款应被认为不存在。

法院认为双方当事人约定通过仲裁解决争议的意图是明显的，通过友好仲裁的方式解决争议并不意味着裁决是任意的。友好仲裁以双方当事人的授权采取灵活的方式来解决争议，并不排除通过此方式对涉及的法律问题作出裁决。故法院驳回当事人的异议。后反对委任仲裁员的一方请求提起上诉，但遭法院驳回，法院认为委任仲裁员的裁定不能上诉。

蔺某与云南兴林汽车贸易有限公司纠纷案

（2009 年，中国云南省昆明市中级人民法院）

申请人认为本案不属于简单案件，但仲裁庭仅设一名仲裁员审理，且仲裁员的选任没有经过申请人约定，也没有征求过申请人的意见，仲裁庭的组成和选任违反法定程序。

法院认为，《中华人民共和国仲裁法》第 30 条规定，“仲裁庭可以由三名仲裁员或者一名仲裁员组成。由三名仲裁员组成的，设首席仲裁员”，蔺某在仲裁规则规定的期限内在选定仲裁员通知书上仅指定了一名仲裁员，在仲裁开庭时也未就仲裁庭的组成方式提出异议，根据《中华人民共和国仲裁法》第 32 条“当事人没有在仲裁规则规定的期限内约定仲裁庭的组成方式或者选定仲裁员的，由仲裁委员会主任指定”的内容以及《昆明仲裁委员会仲裁规则》第 19 条“当事人自收到仲裁受理通知书、仲裁应诉通知书之日起 15 日内（简易程序 5 日内）依据本规则第十八条第一款的规定，对仲裁庭的组成方式进行约定，并选定仲裁员。没有约定仲裁庭的组成方式或者选定仲裁员的，由仲裁委员会主任指定”的内容，本案中仲裁委员会主任指定一名仲裁员的仲裁方式并无不当。故仲裁庭的形式和组成符合法律规定，申请人蔺某认为本案适用独任仲裁且仲裁员未经其约定属违反法定程序的理由不能成立。

邦基农贸新加坡私人有限公司申请承认和执行英国仲裁裁决案

（2007 年，中国最高人民法院）

最高人民法院
关于邦基农贸新加坡私人有限公司
申请承认和执行英国仲裁裁决一案的请示的复函

2007 年 6 月 25 日　　〔2006〕民四他字第 41 号

广东省高级人民法院：

你院〔2006〕粤高法民四他字第 10 号《关于邦基农贸新加坡私人有限公司申请承认和执行英国仲裁裁决一案的请示》收悉。经研究，答复如下：

本案一方当事人申请承认与执行国际油、油籽和油脂协会仲裁员在英国伦敦作出的仲裁裁决，该裁决为外国仲裁裁决。我国和英国均是《承认及执行外国仲裁裁决公约》（以下简称《纽约公约》）的缔约国，根据《中华人民共和国民事诉讼法》第269条的规定，本案仲裁裁决是否可以得到承认与执行，应当按照《纽约公约》的规定进行审查。关于本案所涉仲裁协议和仲裁程序的审查，应当适用双方当事人明确约定的国际油、油籽和油脂协会2001年1月1日修订并生效的《上诉和仲裁规则》以及英国1996年《仲裁法》。

《上诉和仲裁规则》第1条（f）款规定，“本协会将通知没有选定仲裁员或者替代仲裁员的一方当事人，本协会将为其指定一名仲裁员，除非该方当事人在本协会向其发出通知后的14日内为自己选定了仲裁员”。而本案仲裁庭在原为被申请人广东丰源粮油集团有限公司指定的仲裁员S. Bigwood先生自动回避后并没有向被申请人广东丰源粮油集团有限公司发出选定替代仲裁员的通知，而是径直为其重新指定了仲裁员。仲裁庭重新指定仲裁员的行为违反了当事人约定的仲裁规则的上述规定，应认定属于《纽约公约》第5条第1款（丁）项规定的“仲裁机关之组成或仲裁程序与各造间协议不符”的情形。据此，人民法院应当拒绝承认和执行本案仲裁裁决。

此复。

专题四

正 当 程 序

自然公正

◎ *Soh Beng Tee & Co. Pte Ltd. v. Fairmount Development Pte Ltd.*（2007 年，新加坡上诉法院）

送达

◎ 朱某与上海海船厨房设备金属制品厂申请撤销仲裁裁决再审案（2007 年，中国最高人民法院）

◎ 北京东方建工建筑工程有限公司申请撤销仲裁裁决案（2007 年，中国北京市第二中级人民法院）

◎ *Inside IMC, S. L. v. Doña Bárbara*（2007 年，西班牙马德里上诉法院）

◎ 河南浩宇钢结构有限公司申请撤销仲裁裁决案（2009 年，中国河南省郑州市中级人民法院）

◎ 王某与李某纠纷案（2009 年，中国云南省昆明市中级人民法院）

陈述意见

◎ *José María & José Miguel v. Esperanza*（2007 年，西班牙里奥哈上诉法院）

证人

◎ *P. J. Spaanderman v. Anova Food B. V.*（2007 年，荷兰最高法院）

调查取证

◎ 洛阳市公路管理局与河南广泉律师事务所申请撤销仲裁裁决案（2009 年，中国河南省洛阳市中级人民法院）

审计和鉴定

◎ 商丘奥林匹克花园置业投资有限公司申请撤销仲裁裁决案（2009 年，中国河南省商丘市中级人民法院）

◎ 河南省公路工程监理咨询有限公司申请撤销仲裁裁决案（2009 年，中国河南省郑州市中级人民法院）

严重不规范

◎ *Bandwith Shipping Corporation v. Intaari*（2007 年，英国上诉法院）

延期

◎ 日本信越化学工业株式会社申请承认日本仲裁裁决案（2008 年，中国最高人民法院）

◎ 刘某与商丘市金地置业有限公司商品房买卖合同纠纷仲裁案（2009 年，中国河南省商丘市中级人民法院）

财产保全

◎ 中国石油化工股份有限公司河南石油分公司与商丘市京九石油化工有限公司买卖合同纠纷案（2009 年，中国河南省商丘市睢阳区人民法院）

◎ 蒋某与北京天图设计工程有限公司建筑工程承包合同纠纷案（2008 年，中国湖南省资兴市人民法院）

◎ 卓某与常德市金城房地产综合开发有限公司商品房买卖合同纠纷仲裁案（2009 年，中国湖南省常德市中级人民法院）

◎ Amusement Impact Limited 与郑州市海源石化有限责任公司、郑州中小企业担保有限公司财产损害赔偿纠纷案（2009 年，中国河南省郑州市中级人民法院）

◎自然公正

Soh Beng Tee & Co. Pte Ltd. v. Fairmount Development Pte Ltd.
（2007 年，新加坡上诉法院）

上诉人 Soh Beng Tee & Co. 受雇于被上诉人 Fairmount Development，是一个公寓项目的主要承包商。由于上诉人没有在延长后的期限内完成公寓项目，被上诉人终止了对上诉人的雇佣。双方后进行仲裁。仲裁庭作出了有利于上诉人的裁决，认为被上诉人终止雇佣是不正确的。高等法院以仲裁裁决违反了自然公正为由撤销了裁决。

上诉法院认为当事人主张仲裁裁决违反了自然公正原则必须证明：哪个自然公正原则被违反；怎样被违反；公正原则的违反怎样与裁决的作出联系起来；原则的违反如何损害了其权利。本案中相关的被违反的自然公正原则是被告在仲裁裁决得以作出的关键焦点的陈述权利。法院认为被告没有充分利用机会阐述争议焦点，并且没有违反自然公正原则。即使存在对公正原则的违反，裁决的作出与公正原则的违反并没有因果关系。

☞ 判决摘录

Whether the breach of the rules of natural justice, if any, affected the Award?

73 Pursuant to s 48 (1) (*a*) (vii) of the Act, the breach complained of must occur "in connection with the making of the award". Therefore, even if there had been a breach of the rules of natural justice, a causal nexus must be established between the breach and the award made: see also *John Holland* ([29] *supra*).

74 According to the trial judge, this requirement was met (at [31] of the GD):

It was also apparent from the Award how the breach affected the Award. The holding that time was at large and that SBT was entitled to reasonable time to complete, without the tribunal making a concurrent finding as to the length of that period of reasonable time, had serious consequences for Fairmount. It led to the conclusion that *SBT had not failed in its duty to act with diligence and due expedition and therefore that the termination of its employment was wrongful.* [emphasis added]

75 Unfortunately, this is an entirely inaccurate characterisation of the Arbitrator's decision. The finding that time was set at large was in relation only to whether the Architect had properly assessed SBT's application for the extension of time in March 1998. It is clear that this finding had no effect on whether Fairmount could rely on the Termination Certificate to rescind its employment with SBT, and was accordingly merely *obiter*. The question of whether or not Fairmount could rely on the Termination Certificate had been answered when the Arbitrator found that the Termination Certificate and delay certificates issued by Mr Law were invalid because they had been signed and issued by the wrong person (and not because time had been set at large): see [15] above. Once these certificates were held to be invalid, it followed that Fairmount was itself in breach of the contract when it purported to terminate its relationship with SBT pursuant to cl 32 (2) of the SIA Conditions. The validity of the Termination Certificate was an essential prerequisite. Indeed, the Arbitrator himself recognised this as such

when he wrote (at para 86 of the Award) that:

If . . . [Mr Law] was entitled to sign the Termination Certificate, the question which then arises is whether [SBT] had failed to proceed with diligence and due expedition and he was entitled to issue the Notice of Failure to Proceed with Due Diligence on 21 September 1999 and later the Termination Certificate. [emphasis added]

Therefore, having found the Termination Certificate to be wrongly issued, any finding that SBT was dilatory or had failed to exercise due diligence and expedition was only a subsidiary finding and did not lead to the making of the Award.

76 It is true that the Arbitrator did go on to consider whether, in March 1998, Fairmount had unreasonably failed to extend time to complete or whether SBT was simply in breach of its obligation to exercise due diligence and expedition in its work. It was in this context that the Arbitrator, at paras 207 - 209 of the Award, appeared to set time at large due to Fairmount's acts of prevention. Yet, in the final analysis, the Arbitrator made no reference to this in determining whether SBT was entitled to more than the five days granted by the Architect when assessing his reasons for issuing the warning letter on 21 September 1999 and the Termination Certificate. At para 228 of the Award, the Arbitrator held:

After having considered what had happened and was happening on site against the progress achieved before the Letter of Warning dated 21 September 1999 was issued by [Mr Law], the events that had occurred after 21 September 1999 and the events which would entitle [SBT] to any extension of time to explain any apparent lack of progress, I have on balance come to the conclusion and find [SBT] was not in breach of [its] obligations to proceed with the work with diligence and due expedition and that the Architect had not acted fairly and reasonably in issuing the said Letter of Warning and subsequently the Termination Certificate . . . *The Architect's grant of* 5 *days' extension of time to [SBT] in July* 1999 *was not fair and reasonable in the circumstances and [SBT] was entitled to a reasonable time to complete the Project.* [emphasis added]

77 Hence, contrary to Fairmount's assertion, the fact that the Arbitrator appeared to set time at large at paras 207 - 209 of the Award had no appreciable impact on the final assessment as to whether SBT was in breach of its obligation to complete the works with due expedition, let alone whether the termination was in accordance with cl 32

(2) of the SIA Conditions.

78　In relation to whether Fairmount was entitled to liquidated damages, the Arbitrator found the issue irrelevant: see [19] above. This was again reiterated at para 241 of the Award:

Since the Delay Certificates issued by [Mr Law] are invalid for the reasons set out earlier in this Award and no liquidated damages are payable by [SBT] for late completion of the Project, *the question posed by [Fairmount] ... namely, whether [SBT] are entitled to extensions of time so as to extend the contractual completion date of the Project ... does not arise at all.* [emphasis added]

The Arbitrator made it clear that the reason why there was no need to engage the issue of whether the liquidated damages provision was enforceable was because the various delay certificates were invalid *in liminie* , and not because time had been set at large.

79　In the face of these considerations, Mr Jeyaretnam appeared to acknowledge that the Arbitrator's decision on the Disputed Issue did not materially affect his findings in relation to whether Fairmount was entitled to (a) terminate SBT's employment based on the Termination Certificate; and (b) claim liquidated damages. Mr Jeyaretnam then pegged his case on the submission that the Arbitrator's decision to set time at large had led to the mistaken corollary finding that SBT was not itself in repudiatory breach of its contract to finish the work with reasonable expedition. According to Mr Jeyaretnam, this was because the effect of setting time at large was to give SBT an indefinite period of time within which to complete the construction of the condominium project.

80　In our opinion, this argument is misconceived for two reasons. First, it is apparent from the Award itself that the real reason why the Arbitrator had held that SBT was not in repudiatory breach of the terms of its employment was because time was not of the essence and because the delays on the part of SBT were insufficient to evince any repudiatory intention that SBT did not intend to carry out its obligations: see [20] above. As such, Fairmount was not entitled to rescind the employment with SBT. Again, whether time was at large was not relevant to the Arbitrator's decision rejecting Fairmount's defence. The second reason that Mr Jeyaretnam's argument must fail is because he has put the cart before the horse: Whether or not SBT was in repudiatory breach was dependent on a showing that it had no intention to complete the project.

Since the Arbitrator had found that Fairmount's acts of prevention had caused SBT's delay, this intention could not be proved and SBT was not in repudiatory breach. The decision to set time at large was, if at all relevant, the *effect* of finding that SBT could not be in repudiatory breach and hence entitled to a reasonable time to complete; and *not* the *cause* of or the reason why the Arbitrator found that SBT was not in repudiatory breach of its obligations.

81 For these reasons, we hold that even if it could be said that the Arbitrator had breached the rules of natural justice in holding that time had been set at large, that breach did not influence or affect the ultimate decision.

If there was a breach of natural justice, and it led to the making of the Award, whether the breach caused prejudice to Fairmount?

82 Under the Act, the breach of natural justice must prejudice the rights of a party before the court may intervene. In this regard, the trial judge found for Fairmount on two bases (at [31] of the GD):

(a) a breach of the rules of natural justice itself creates a prejudice that is suffered by the party, citing *The Vimeira* ([46] *supra*); and

(b) in any event, Fairmount had been prejudiced because the Arbitrator had reached a finding adverse to it as a result of the breach.

83 It is true that in *The Vimeira*, Robert Goff LJ held that a breach of the rules of natural justice itself created a prejudice that was suffered by the party who had been deprived of its rights. However, it is unclear whether Ackner LJ agreed with this proposition. In his judgment, Ackner LJ simply proceeded to consider whether the complainant was able to show that there would be any difference had the breach not occurred. In *Rotoaira* ([55] *supra*), though, the New Zealand High Court was of the view that it would usually be reasonable to assume prejudice in the absence of indications to the contrary once it was shown that there was significant surprise.

84 We do not agree with this unqualified proposition because if it were accurate, every breach of the rules of natural justice could constitute some form of prejudice. This would invariably dilute, indeed negate, the force of the plain statutory requirement in s 48 (1) (*a*) (vii) of the Act that "a breach of the rules of natural justice occurred in connection with the making of the award *by which the rights of any party have been prejudiced*" [emphasis added]. Had Parliament intended that a breach of the rules of

natural justice was sufficient to set aside an arbitral award, it would not have included the italicised words. In this regard, it must be appreciated that the courts in both *The Vimeira* and *Rotoaira* were not addressing the legal position in the context of a similar statutory provision as Singapore's. It is not even clear whether *The Vimeira* was decided under the old UK Arbitration Act 1950 (c 27), in which case there would have been no statutory requirement that prejudice be shown. A demonstration of "misconduct" was sufficient. In any event, Goff LJ did not cite any authority or basis for his holding that the breach of the rules of natural justice would itself be sufficient to attract curial intervention. As for *Rotoaira*, it is plain that in New Zealand, there was and is no requirement to show that prejudice had been caused by the breach: see s 34 (2) (b) (ii) read with s 34 (6) of the New Zealand Arbitration Act 1996 (No 99).

85 Indeed, in *Dexia Bank* ([61] *supra*), Judith Prakash J correctly held (at [50]):

Whilst the Tribunal in this case did, as I have explained above, make an issue of a point that was never raised by either party, to wit, the applicant's purported non-participation in the Previous Arbitration, that finding was not determinative of its final conclusion, and therefore any breach of natural justice that might have occurred because the Tribunal did not notify the applicant that it considered this to be a point in issue did not prejudice the applicant. In *John Holland*... the court held that to succeed under s 24 (*b*) of the Act, an applicant had to establish how the breach of natural justice was connected with the making of the award *and how such breach had prejudiced the rights of the party concerned*. I am satisfied that there is no substance in the applicant's complaints of there having been a breach of natural justice in relation to the right of the applicant to be heard and to present its case fully. [emphasis added]

86 It is necessary to prove that the breach, if any, had caused actual or real prejudice to the party seeking to set aside an award. It may well be that though a breach has preceded the making of an award, the same result could ensue even if the arbitrator had acted properly.

87 In this context, it is helpful to consider some of the more recent English authorities, which have also stipulated for more than just an arid breach of the rules of natural justice as an essential prerequisite to ground a successful challenge. This approach is neatly encapsulated in Robert Merkin, *Arbitration Law* (Informa UK Limited, Looseleaf Ed, 1991, 27 November 2006 release) at para 20.8 as follows:

If the result would most likely have been the same despite the irregularity there is no basis for overturning an award. However, in determining whether there has been substantial injustice, the court is not required to attempt to determine for itself exactly what result the arbitrator would have come to but for the alleged irregularity, as this process would in effect amount to a rehearing of the arbitration. Instead, if the court is satisfied that the applicant had not been deprived of his opportunity to present his case properly, and that he would have acted in the same way with or without the alleged irregularity, then the award will be upheld. By contrast, if it is possible that the arbitrator could have reached the opposite conclusion had he acted properly, there is potentially substantial injustice. ... [T] he fact that a different result might have been reached is not necessarily enough to justify judicial intervention: the term "substantial injustice" did not mean injustice which was more than *de minimis* , and what was required was injustice which had real effect. The most obvious, although not the only, illustration of real effect is financial loss. .

88 This summary is amply supported by other case law. In *Warborough Investments Ltd v S Robinson & Sons* (*Holdings*) *Ltd* [2004] 2 P&CR 6, the English Court of Appeal held, also on the issue of whether there had been substantial injustice (at [58]):

In the instant case, I am not satisfied that the case which Mr Gillott [the surveyor for the appellant] would have put had he been afforded the opportunity to submit a further report along the lines indicated in his witness statement would have been so different as to justify the conclusion that the lack of that opportunity in itself caused a substantial injustice, regardless of what the outcome of the arbitration would have been. Nor, for that matter, am I satisfied that the outcome in that event would have been materially different.

89 This view was later echoed in *Cameroon Airlines v Transnet Limited* [2004] EWHC 1829 (Comm) at [102] – [103]:

The requirement that the serious irregularity "has caused or will cause substantial injustice" to the applicant has most recently been addressed by the Court of Appeal in the rent review case Warborough Investments v S. Robinson & Sons EWCA [2003] Civ 751 in which previous statements of principle were reviewed. I take from that two matters. First it is the procedural irregularity, the denial of a fair hearing, if such there be, which must be shown to have caused a substantial injustice. Second what is required to satisfy the test is indeed an extreme case "where the tribunal has gone so wrong in its conduct of the arbitration that justice calls out for it to be corrected". On the other hand, in agreement with the submissions made by both parties, I do not think it needs to be shown that the outcome of a remission will necessarily or even probably be different but it does need to be established that the applicant has been unfairly deprived of an opportunity to present its case or make a case which had that not occurred might realistically have led to a significantly different outcome.

If it be the case that an applicant had an opportunity to deal with any procedural unfairness and did not avail itself of that opportunity by way of further submissions or evidence, as Colman J pointed out in Kalmneft v Glencore [2002] 1 Lloyd's Rep 128 at page 141 it will fail to establish "substantial injustice".

90 The upshot of these cases seems to be that there must be something more than the existence of a breach which has prejudiced the rights of the complainant to justify curial intervention. Moreover, it is abundantly clear that the Act was amended precisely to reflect international practice. Indeed, it is not lost upon us that s 48 (1) (*a*) (vii) of the Act was adopted directly from s 24 (*b*) of the IAA (see *Review of Arbitration Laws*, March 2001, LRRD 2/2002 at 31), which in turn was enacted to reflect international practice. It may also be surmised that legislative change was, in fact, inspired by the UK Arbitration Act 1996 (see *Singapore Parliamentary Debates, Official Report* (5 October 2001) vol 73 at col 2214):

In 1996, the UK revamped their arbitration laws and incorporated many provisions from the Model Law. In the light of these developments, the Attorney-General initiated a review of our Arbitration laws, spearheaded by the Chambers' newly formed Law Reform and Revision Division...

[T]his Bill is largely based on the UNCITRAL Model Law, which already forms the basis of Singapore's International Arbitration Act. The Bill also incorporates useful provisions from the 1996 UK Arbitration Act. *This approach allows the creation of an arbitration regime that is in line with international standards and yet preserves key features of those existing arbitration practices that are deemed to be desirable for domestic arbitrations*

[emphasis added]

91 However, we pause here to acknowledge Mr Jeyaretnam's submission that there is a difference between the UK Arbitration Act 1996 and the Act in so far as the

former states (at s 68 (2)) that:

Serious irregularity means an irregularity of one or more of the following kinds [including a breach of the rules of natural justice] *which the court considers has caused or will cause substantial injustice to the applicant*... [emphasis added]

In our view, this difference, while noteworthy, is not crucial. The fact that Parliament may have chosen different language does not invariably mean that it has intended a wholly different meaning, especially where the Act itself expressly prescribes that prejudice must be shown in addition to the breach: see [83] above. Section 48 (1) (*a*) (vii) of the Act plainly requires the "rights" of "any party" to have been "prejudiced". The "rights" referred to in s 48 (1) (*a*) (vii) of the Act cannot simply mean the right to be heard; otherwise, s 48 (1) (*a*) (vii) of the Act would be a tautology. It does, however, appear that Parliament, in steering away from the "substantial injustice" formula adopted in the UK Arbitration Act 1996, had intended to set a lower bar to establish a remediable "prejudice". The statutory formula adopted in England would only bite in those cases where it can be said that what has happened is so far removed from what could reasonably be expected of the arbitral process that the court would take action: see the Departmental Advisory Committee on Arbitration Law Report (February 1996) at para 220 and *ABB AG v Hochtief* ([58] *supra*) at [63]. It appears to us that in Singapore, an applicant will have to persuade the court that there has been some actual or real prejudice caused by the alleged breach. While this is obviously a lower hurdle than substantial prejudice, it certainly does not embrace technical or procedural irregularities that have caused no harm in the final analysis. There must be more than technical unfairness. It is neither desirable nor possible to predict the infinite range of factual permutations or imponderables that may confront the courts in the future. What we can say is that to attract curial intervention it must be established that the breach of the rules of natural justice must, at the very least, have actually altered the final outcome of the arbitral proceedings in some meaningful way. If, on the other hand, the same result could or would ultimately have been attained, or if it can be shown that the complainant could not have presented any ground-breaking evidence and/or submissions regardless, the bare fact that the arbitrator might have inadvertently denied one or both parties some technical aspect of a fair hearing would almost invariably be insufficient to set aside the award.

92 In addition, assuming that the breach is in respect of only a single isolated

or stand-alone issue or point, it would normally not be sensible or appropriate to set aside the entire award. Instead, the policy of minimal curial intervention implies that the court's focus should be on the proportionality between the harm caused by the breach and how that can be remedied: see also the statutory directive in s 49 (9) of the Act. In the present case, for instance, had there been a breach of Fairmount's right to be heard, the appropriate remedy would have been to remit the matter to the Arbitrator for him to receive further evidence on the Disputed Issue. This is because setting aside the whole Award would have forced the parties to re-arbitrate the entire case when the Disputed Issue was only one among several other severable issues that the Arbitrator had decided, and which were not challenged by either Fairmount or SBT.

93　Our reading of the Act is consonant with the objective that Parliament intended the Act to fulfil, namely, to promote the autonomy and finality of the arbitral process, so as to preclude unnecessary satellite litigation which would undermine arbitration as an efficient and cost-effective alternative dispute resolution mechanism: see [48] – [53] above. As mentioned above, this, too, is the justification for the trend towards minimal curial intervention among common law jurisdictions, including the UK Arbitration Act 1996 from which our amended legislation drew guidance: on the UK position, see Andrew Tweeddale & Keren Tweeddale, *Arbitration of Commercial Disputes: International and English Law and Practice* (Oxford University Press, 2005) at para 27.14.

94　In the present case, we are of the opinion that even if there had been a breach of the rules of natural justice, Fairmount would not be able to show that it has been prejudiced, apart from the alleged technical breach standing by itself. Given our analysis that the Arbitrator's finding that time had been set at large was not critical in the final decision as to whether Fairmount was entitled to terminate the contract with SBT, it should follow that there would not be any appreciable difference in the outcome even if the breach had not occurred. Moreover, since the questions of whether time was at large and whether SBT was entitled to an extension of time under the contract are two sides of the same coin, in so far as the determination of what would constitute a reasonable period of time and the determination of the length of extension respectively would be based on the same facts, Fairmount would already have made whatever submissions it needed to because the issue of the extension of time under the contract was vigorously pursued during the arbitration. In fact, one of the reasons the trial judge cited for not remitting the Award back to the Arbitrator was because all the evidence had already been adduced, and it would make no difference to send the Award back to the Arbitrator for further submissions on the Disputed Issue: see [32] of the GD. Finally, as we have also held, Fairmount had every opportunity in its written reply and supplemental reply to address the issue of time being set at large due to its acts of prevention. Having opted not to take this opportunity, any prejudice that may have resulted cannot be attributed to the Arbitrator's failure to act properly.

95 Indeed, the very reason the Arbitrator set time at large was because he *agreed* with Fairmount that SBT had not persuasively shown how much time it was entitled to under the SIA Conditions. Having found Fairmount to have prevented SBT from completing the project with due expedition, the Arbitrator had no option but to set time at large. His subsequent failure to determine a reasonable period of time for SBT to complete the project was, if anything, an error in law and not a breach of the rules of natural justice. Even so, since the issues of the time that SBT was entitled to under the SIA Conditions and the time SBT should be given having set time at large fell to be decided upon the same evidential basis, it is no surprise that having been unable to determine the former issue, the Arbitrator would also be unable to determine the latter. In other words, the Arbitrator's failure to determine the reasonable period of time SBT was entitled to, after setting time at large, was a consequence of a lack of evidence presented by the parties and not the result of his "inventing" a new point. In these circumstances, any prejudice suffered by Fairmount was because it too had failed to present satisfactory evidence as to how much time SBT would be entitled to should the Arbitrator have rejected Fairmount's absolutist position that SBT was not entitled to any further extension of time at all-even though this alternative position was the precise point that the Arbitrator had asked the parties to submit upon in their supplemental submissions: see [40] above. Hence, we find that even if the Arbitrator had acted properly (which we have found he did), the same result would have been obtained. Accordingly, Fairmount has not shown how it was prejudiced by the Arbitrator's supposed failure to adhere to the rules of natural justice.

◎送达

朱某与上海海船厨房设备金属制品厂申请撤销仲裁裁决再审案
（2007年，中国最高人民法院）

最高人民法院
关于朱某与上海海船厨房设备金属制品厂
申请撤销仲裁裁决再审一案的请示报告的复函

2007年9月18日　〔2007〕民四他字第7号

上海市高级人民法院：

你院〔2007〕沪高民四（商）他字第2号《关于朱某与上海海船厨房设备金属制品厂申请撤销仲裁裁决再审一案的请示报告》已收悉。经研究，答复如下：

根据你院的请示报告，中国国际经济贸易仲裁委员会上海分会在仲裁朱某与上海海船厨房设备金属制品厂合作合同纠纷一案过程中，因将受送达人朱某的送达地址书写不当而未能向其送达“仲裁通知”、“仲裁规则”、“仲裁员名册”、“仲裁申请书及附件材料”及“仲裁庭组成和开庭通知”，导致受送达人朱某未能出庭并陈述意见。根据《中华人民共和国仲裁法》第70条、《中华人民共和国民事诉讼法》第260条第1款第（二）项之规定，同意你院的审查意见，即中国国际经济贸易仲裁委员会上海分会〔2004〕中国贸仲沪裁字第073号裁决应予撤销。

北京东方建工建筑工程有限公司申请撤销仲裁裁决案
（2007年，中国北京市第二中级人民法院）

申请人东方建工公司的理由之一是：仲裁庭未能向东方建工公司送达开庭通知便作出缺席裁决，违反仲裁规则，程序违法。本案仲裁庭未能向东方建工公司合法送达开庭审理通知，致使东方建工公司未能出庭陈述及答辩，仲裁庭的缺席审理及裁决的行为，违反了仲裁规则及法定程序。

法院认为：《仲裁规则》（2005年5月1日起施行）第68条第（一）款规定，有关仲裁的一切文书、通知、材料等均可以派人或以挂号信或特快专递、传真、电传、电报或仲裁委员会秘书局或其分会秘书处认为适当的其他方式发送给当事人及/或其仲裁代理人。本案中，仲裁委于2005年12月19日以特快专递方式向东方建工公司送达了仲裁通知等材料，投递地址为“北京市朝阳区安华里二区13号楼”，东方建工公司收到了该材料，并向仲裁委提出了管辖异议申请。仲裁委分别于2006年5月15日、2006年10月12日以特快专递方式往上述地址向东方建工公司送达了开庭通知，经法院查询，该两次投递均已签收，但东方建工公司在仲裁两次开庭时均未出庭。因东方建工公司认可“北京市朝阳区安华里二区13号楼”是其办公地址，故仲裁委以特快专递方式往该地址向东方建工公司送达，符合《仲裁规则》的规定。开庭时，在东方建工公司无正当理由不到庭的情况下，仲裁庭有权进行缺席审理并作出裁决。因此，东方建工公司主张仲裁庭未能向其合法送达开庭通知即缺席裁决的撤销理由不能成立，法院不予支持。

Inside IMC, S. L. v. Doña Bárbara
（2007年，西班牙马德里上诉法院）

原告向马德里一审法院提起了执行针对Doña Bárbara仲裁裁决的诉讼。一审法院基于仲裁员缺乏公正性而拒绝执行仲裁裁决。原告针对一审法院的裁定向马德里上诉法院提起了上诉。

上诉法院支持了下级法院的裁定并拒绝执行裁决。上诉法院发现，尽管上诉人认为仲裁员是公正的，但是本案的仲裁裁决的通知仍然没有满足《西班牙仲裁法》第5条规定的要求。法院认为，第5条首先要求当事人亲自传送通知，其次要求当事人以其他能够留下记录的方式来传送通知。而本案中，上诉法院发现原告没有满足第5条的要求，因为裁决的通知是通过挂号邮寄的方式来送达的。他发现挂号邮寄不能证明被送到被告的信件事实上包括裁决。因此，法院总结认为，发出裁决的通知并没有有效地作出。

2003年《西班牙仲裁法》第5条相关规定：

除非当事人同意或排除，在所有的案件中，在诉讼程序中所作的通讯，应适用下列规定：任何通知或信息在它们送到收件人或他的法定住所、惯常居所、主要营业地或收件地址的那天时被认为收到。通知或信息通过电报、传真或其他以电子电信方式或相似的电信方式传送或接收的效力一样。如果上述的地址在通过合理的查询后仍然没有找到，那么通知或信息的送达时间被认为是在它们传送的那天或试图通过经证明的邮寄方式或其他能留下记录的方式传送的那天。

河南浩宇钢结构有限公司申请撤销仲裁裁决案

（2009 年，中国河南省郑州市中级人民法院）

申请人河南浩宇钢结构有限公司诉称，仲裁庭送达程序违反规定，没有依照法定程序向申请人送达仲裁申请书和证据，没有向申请人书面送达开庭时间和地点，仲裁庭组成人员违法。

法院认为，郑州仲裁委员会依据被申请人邢某提交的书面仲裁申请，于 2008 年 11 月 4 日组成仲裁庭审理了本案，申请人河南浩宇钢结构有限公司进行了答辩，举出了三份证据和证人证言，并未提出仲裁庭送达程序违反规定，申请人河南浩宇钢结构有限公司所称仲裁庭送达程序违反规定的理由不能成立。

王某与李某纠纷案

（2009 年，中国云南省昆明市中级人民法院）

申请人王某申请称，其与被申请人相互熟悉了解。2006 年 10 月 24 日，被申请人将单位团购房指标以 11 万元卖与申请人。为了及时收取 11 万元，被申请人隐瞒了本来存在的楼层差、车库位置及公摊。至 2007 年 7 月 18 日申请人才得知公摊增加了一倍，对此影响房价的事项，被申请人同意全额承担，放弃未收取的 1 万元，后滇池路房价上涨，被申请人反悔索要未收取的 1 万元，经多次协商，被申请人表示放弃。2009 年 2 月 23 日申请人忽然接到强制执行通知，才得知被申请人隐瞒了申请人的地址、工作单位及通知方式，以缺席审理的方式索要已放弃的 1 万元。被申请人隐瞒了购房的实际价格及公摊情况，鉴于被申请人隐瞒案件的重要事实，导致申请人不能到庭陈述案件事实，主张相关权利，故依法申请法院撤销昆仲裁（2008）第 98 号裁决。

被申请人李某答辩称：申请人在仲裁中隐瞒事实，我方在仲裁中提供的住址与现在申请人提供的第二代身份证上的住址虽不一致。但同时我方还提供了申请人的电话及工作单位，仲裁庭的书记员直接与申请人联系过要求其领取法律文书，但申请人拒不领取，仲裁庭在无法的情况下才通过身份证的地址邮寄，最后只有公告的方式来通知。

经审理，法院认为：(1) 根据我国《仲裁法》第58条的规定，当事人提出证据证明裁决具有58条规定的撤销情形时，当事人可以申请法院撤销裁决。(2) 在仲裁程序中被申请人提交了申请人的第一代身份证复印件，该证件上载明的地址与申请人在撤销程序中提交的第二代身份证上载明的地址不一致，此内容的不一致，不是被申请人故意隐瞒而为。在撤销程序中，被申请人明确陈述从未放弃1万元的证据材料，申请人认为被申请人隐瞒此事实的理由不能成立。双方在合同中明确约定“由于各种原因造成房屋地理位置、楼层、户型、面积、公摊比例与该协议出入太大造成乙方无法接受，乙方有权中止该协议，甲方退还乙方所交的所有款项和银行同期活期存款利息”的内容，但最终申请人接受了该房并与房地产商签订了购房合同，故申请人认为被申请人隐瞒公摊、楼层差、车库位置的理由不能成立。(3) 根据《昆明仲裁规则》“仲裁委员会的有关仲裁文书、通知、材料，可以直接送达、递交或以邮寄、特快专递、传真、电报、留置等方式送达、递交当事人或其代理人。仲裁文书、通知也可以通过公告方式送达”的规定，仲裁庭在采用邮寄送达方式后，又采用公告方式送达有关文书，符合仲裁规则，并不违反法律规定。综上，申请人申请撤销裁决的理由并不具有《仲裁法》第58条规定的情形，故其撤销裁决的申请，法院不予支持。

◎陈述意见

José María & José Miguel v. Esperanza

（2007年，西班牙里奥哈上诉法院）

上诉人称仲裁庭在没有通知上诉人的情形下勘察了被上诉人的住所，其陈述意见的权利被拒绝了，因此要求撤销裁决，称违反了正当程序。

上诉法院依据《西班牙仲裁法》第41条第1款第b段撤销了裁决，该条规定了撤销裁决的理由，即作出申请的当事人没有得到任命仲裁员或仲裁程序的通知或其他不能陈述意见的情形。Rioja上诉法院指出依据第1条第3款、第41条第1款第b段和第24条（规定了平等对待的原则、当事人受审理的原则和陈述意见的权利）是对所有仲裁程序一般和补充适用的，而不管它们是否受其他法律支配，故上诉法院支持上诉人，撤销了裁决。

◎证人

P. J. Spaanderman v. Anova Food B. V.

（2007 年，荷兰最高法院）

这个案子涉及由 Spaanderman 发行的与 Novavis 的股票转让给 Anova 有关的资产负债担保。末期的资产负债表没有包括 Novavis 应该支付给员工的养老金。Anova 提起仲裁称 Spaanderman 知道或应该知道 Novavis 已经作出养老金的承诺但 Novavis 没有将这些列入末期的资产负债表或以其他方式通知 Spaanderman。仲裁庭驳回了 Anova 的诉求。

Anova 申请撤销仲裁裁决，地区法院撤销了仲裁裁决。上诉法院认为考虑到案件中证言的影响，仲裁庭应该给予 Anova 听取其证人证言的机会并就证言作出评论。法院认定，尽管 Anova 在庭审的现场并承认听到了对方证人的证言，但是，其被允许向证人提问并不意味着 Anova 提出自己证人和就对方证人的证言作出评论的权利没有受到限制。仲裁员不受国内仲裁规则约束的事实和证人在没有指示的情形下在庭审中进行作证是合适的事实，这也不能免除仲裁庭聆讯当事人的义务。

◎调查取证

洛阳市公路管理局与河南广泉律师事务所申请撤销仲裁裁决案

（2009 年，中国河南省洛阳市中级人民法院）

洛阳市公路管理局申请撤销仲裁裁决的理由之一是：仲裁庭在开庭后进行调查取证没有经过双方质证，程序违法。被申请人答辩称：仲裁委调查的相关内容在仲裁庭开庭时已经提交了相关的证据予以证明，并经过了开庭质证，仲裁程序并不违法。

法院认为：对于申请人认为仲裁庭在仲裁开庭后进行调查取证违反法定程序之主张，因被申请人在仲裁开庭时已经提供了《转所审批表》来证明其转所时间，并经过申请人质证，仲裁庭开庭后进行调查，此系仲裁庭对双方所举证据进行审核与采信的过程，并不违反法定程序，故申请人撤销仲裁裁决的理由不足，不予支持。

◎审计和鉴定

商丘奥林匹克花园置业投资有限公司申请撤销仲裁裁决案

（2009年，中国河南省商丘市中级人民法院）

申请人商丘奥林匹克花园置业投资有限公司（以下简称奥投公司）不服裁决，申请称奥投公司对所欠工程款的担保是建立在根据有权部门出具终审审计报告的前提下，该审计报告应是对合格建筑工程质量的审计，如果工程质量不合格，尚不具备审计的条件，由于审计的数额尚没有最终确定，不能以此还款协议认定所欠工程款数额。仲裁委员会没有根据案件的焦点依法进行工程量鉴定，也未征询申请人意见，仅以申请人没有提交鉴定所需资料为由径行裁决，违反了法定程序。

法院认为，2007年7月24日，潘某与冯某签订的《还款协议》中，虽然约定具体数额依有权部门出具终审审计报告为准，但直至潘某于2008年4月21日申请仲裁，冯某并未有对工程款申请最终审计，冯某这种具备审计条件而拖延审计的行为，应视为对协议约定工程款数额的认可。奥投公司在此协议中的地位虽是担保人，并且其担保的数额以1606648.54元为限，但从查明的事实来看，奥投公司同时又是实际发包人，根据最高人民法院《关于审理建设工程 施工合同纠纷案件适用法律问题的解释》第26条的规定，潘某作为实际施工人，有权直接向奥投公司主张权利。潘某承建的2号楼完工后，奥投公司已经部分出售，现又以“如果工程质量不合格，尚不具备审计的条件”的假设作为申请理由，证据不足。在仲裁期间，奥投公司虽然同意对工程价款进行审计，但在仲裁庭向奥投公司释明了在限定的期限内不提交鉴定所需资料的法律后果的情况下，奥投公司既没有提供鉴定所需资料，也没有缴纳鉴定费，仲裁庭以奥投公司放弃申请，并将协议约定的1 606 648.54元作为定案依据，仲裁程序合法，奥投公司称仲裁程序违法的申请理由不能成立。故裁定驳回申请人奥投公司的申请。

河南省公路工程监理咨询有限公司
申请撤销仲裁裁决案
(2009 年，中国河南省郑州市中级人民法院)

申请人公路公司的理由之一是：仲裁程序违反法定程序。首先，鉴定机构的指定违反法定程序。根据《郑州仲裁委员会仲裁规则》第 31 条的规定，仲裁庭对专门性问题认为需要鉴定的，可以交由当事人约定的鉴定机构或者专家鉴定，也可以由仲裁庭指定的鉴定机构或专家鉴定。而本案中，鉴定机构是由仲裁委选定，程序违法。其次，仲裁裁决所依据的鉴定结论没有经过质证。《仲裁法》第 45 条规定，证据应当在开庭时出示，当事人可以质证。而本案中鉴定机构于 2008 年 5 月 30 日出具的司法鉴定书不完整，没有依据，在双方当事人均提出异议的情况下，鉴定机构又于 2008 年 7 月 9 日和 2008 年 8 月 5 日进行了补充，申请人没有收到 2008 年 8 月 5 日的补充鉴定结论。申请人收到的鉴定结论是工程造价 2 152 860.02 元，而仲裁庭裁决认定的工程造价是 2 166 613.75 元，仲裁庭对最后的鉴定结论没有组织质证，剥夺了申请人的仲裁权利，程序违法。最后，申请人于 2008 年 7 月 16 日向仲裁庭提出重新鉴定的申请，仲裁庭对此不作理睬，客观上剥夺了当事人的诉权，违反法定程序。并且，申请人还认为鉴定机构和鉴定人严重不称职，裁决所依据的鉴定结论是鉴定机构虚构事实伪造出来的，不能作为证据使用。从河南蓝天司法鉴定中心许可证的有效期限上看，该鉴定机构在接受委托时，还没有鉴定机构资格。鉴定人王某与李某的执业证号完全相同，都是 410003004022，申请人对其鉴定资格真实性有异议

法院经审理查明：(1) 当事人对鉴定机构的选定不能达成一致意见的，由仲裁庭指定鉴定机构，对外委托进行鉴定时，以仲裁委的名义出具加盖公章的委托书。(2) 公路公司向仲裁庭申请对工程造价进行司法鉴定，仲裁委向河南蓝天司法鉴定中心（以下简称鉴定中心）出具委托鉴定书，鉴定中心于 2008 年 5 月 30 日作出了豫蓝鉴造字第 0803001 号司法鉴定书，仲裁庭于 2008 年 7 月 7 日开庭，组织双方当事人对鉴定结论进行质证，于 2008 年 7 月 9 日向双方当事人送达了装订完整的司法鉴定书，公路公司于 2008 年 7 月 16 日向仲裁庭提交了《对河南公路监理咨询有限公司办公楼装饰工程司法鉴定书（豫蓝鉴造字第 0803001）号存在问题的意见》，对于双方当事人所提出的质证意见，鉴定中心又于 2008 年 8 月 5 日作出了《关于河南省公路工程咨询有限公司检测中心及办公楼装饰工程仲裁质证问题的说明》（以下简称《说明》），该《说明》的内容对公路

公司提出的质证意见均予以答复，仲裁委于2008年8月6日向公路公司送达了该《说明》，由公路公司代收人袁某签收，公路公司未再向仲裁庭提出书面质证意见。（3）鉴定人李某因旧证未更换，现其执业证号应为410003004020，鉴定中心的司法鉴定许可证上的有效期限为5年，每五年进行换证登记，鉴定中心接受该委托时，具有鉴定资格。

法院认为：当事人对鉴定机构的选定不能达成一致意见的，由仲裁庭指定鉴定机构，仲裁委对外出具委托鉴定书，仲裁的程序并不违反《郑州仲裁委员会仲裁规则》的规定。申请人公路公司收到鉴定结论后，向仲裁庭书面提出质证意见，鉴定中心对双方当事人提出的质证意见作出了《说明》，该《说明》对公路公司提出的意见予以答复，申请人公路公司收到《说明》后未再向仲裁庭提出书面质证意见。因此，鉴定结论已向双方提交并经过质证，仲裁庭依据鉴定结论作出仲裁裁决，仲裁庭的仲裁程序不违反《中华人民共和国仲裁法》第45条的规定。申请人公路公司认为仲裁员在仲裁该案时有枉法裁决的行为，未提出证据加以证明。综上，申请人公路公司申请撤销理由不符合《中华人民共和国仲裁法》第58条的规定，故法院不予支持。

◎严重不规范

Bandwith Shipping Corporation v. Intaari
（2007年，英国上诉法院）

Bandwith船运公司与Intaari签订了一个破冰船的租赁合同来完成穿越南极洲的航行。这条船在航行中被冻住了，被迫在南极呆了整个冬天。Bandwith主张未付的267万美元的租金。Intaari以船的破冰能力违反租赁合同的保证，而主张抵销赔偿。双方提出不同的理由。仲裁员认为Bandwith对破冰保证的实质违约是导致船在冬天滞留在南极洲的原因，由于违反保证导致17个小时的迟延，而船舶原本可以躲过冰冻。Bandwith称仲裁庭没有遵守《仲裁法》第33条的义务，给予其处理对方意见的机会。

法院认为依据客观的标准，Bandwith已有机会提出意见。Intaari在总结陈词中请求仲裁庭认定船舶在那几天迟延了，并且船舶被冰冻是由于Bandwith违反保证造成的，而Bandwith在其总结陈词中称并非如此。在最后的口头陈词中，Intaari也特别地提出了这个论点。因此，法院驳回了原告提出的申请。

1996年《英国仲裁法》第33条

33.（仲裁庭的一般义务）

（1）仲裁庭应：

（a）公平及公正地对待当事人，给予各方当事人合理的机会陈述案件并抗辩对方当事人的陈述；

（b）根据特定案件的具体情况采取合适的程序，避免不必要的延误或开支，以对待决事项提供公平的解决方式。

（2）仲裁庭应在进行仲裁程序过程中、在其对程序和证据事项的决定中以及在行使授予其的所有其他权力时，都应遵守该一般义务。

☞ 判决摘录

The Owners' contentions

32. Section 33 (1) of the 1996 Act provides as follows: -

"*The tribunal shall-*

(a) act fairly and impartially as between the parties, giving each party a reasonable opportunity of putting his case and dealing with that of his opponent, and (b) adopt procedures suitable to the circumstances of the particular case, avoiding unnecessary delay or expense, so as to provide a fair means for the resolution of the matters falling to be determined."

33. Section 68 of the Act so far as material provides: -

"(1) *A party to arbitral proceedings may (upon notice to the other parties and to the tribunal) apply to the court challenging an award in the proceedings on the ground of serious irregularity affecting the tribunal, the proceedings or the award.*

A party may lose the right to object (see section 73) and the right to apply is subject to the restrictions in section 70 (2) and (3).

(2) *Serious irregularity means an irregularity of one or more of the following kinds which the court considers has caused or will cause substantial injustice to the applicant-*

(a) failure by the tribunal to comply with section 33 (general duty of tribunal); . . .

(d) failure by the tribunal to deal with all the issues that were put to it; . . ."

34. I quote subparagraph (d) simply to emphasise that before the judge Mr Young was asked whether he had an alternative case for remission in reliance on (d). He confirmed that he did not, and that he rested his submissions on section 33 (1) (a).

That he further confirmed to us. His submission was that there had been a serious irregularity in that the Tribunal failed to give him and thus the Owners a reasonable opportunity to deal with the 17 hour point.

35. The difficulty with making good that submission is that section 33 has to be approached by reference to the conduct of the arbitrators. For an irregularity to be established in a case of this kind it must be established that the tribunal have acted unfairly (partiality is not in issue) by failing to give a party a reasonable opportunity of putting his case or dealing with that of his opponent. The authorities helpfully summarised by Tomlinson J in *ABB AG v Hochtief Airport GmbH* [2006] 2 Lloyd's Rep 1 indicate that an applicant under section 68 faces a high hurdle. Mr Young suggested that the "*general antipathy generated by a number of statements at first instance to s 68 applications summarised by Tomlinson J*" was wrong in principle. He submitted that where a substantial injustice may have been done because an argument appears not to have been addressed the inclination of the arbitrators should be to encourage remission and the attitude of the court should be to remit so as to prevent injustice.

36. Mr Young in his submissions to us tended to concentrate on explaining how he could be forgiven for not recognising that the 17 hour point might be the basis on which the tribunal would decide the issue of causation, and how thus it was understandable that he did not, in the opportunity the arbitrators gave him to reply to Mr Parsons' oral submissions on the Saturday morning, make a submission to the effect that the hurricanes provided a further answer as to why the Charterers could not win on causation if all they could show was a period of 17 hours delay.

37. When pressed as to whether he criticised the conduct of the tribunal, he suggested that they must have been aware that he had not dealt with the 17 hour point, and that they owed an obligation to ask him whether he had anything further to say on that point in addition to the points already taken as to why the Charterers could not succeed.

38. In my view the authorities have been right to place a high hurdle in the way of a party to an arbitration seeking to set aside an award or its remission by reference to section 68 and in particular by reference to section 33. Losers often think that injustice has been perpetrated when their factual case has not been accepted. It could be said to be "*unjust*" if arbitrators get the law wrong but if there is no appeal to the court because the parties have agreed to exclude the court, the decision is one they must accept. It

would be a retrograde step to allow appeals on fact or law from the decisions of arbitrators to come in by the side door of an application under section 33 and section 68.

39. If one concentrates in this case on the conduct of the tribunal and their perception it seems to me plain first that it was an issue in the arbitration when the vessel could have escaped through the ice ring. It was in issue whether, but for a breach of warranty, she might not have left Novo earlier than 30 May. It is true that the Charterers had not sought to argue that the vessel might have left Novo only 17 hours before 30 May in their written submissions. Some case for a date earlier than 30 May was being made but by reference to the Gibson calculations which meant leaving Novo many days earlier than 30 May. However in the oral submissions on the Saturday morning a case of a day or so before 30 May was clearly pointed up as a possibility. This the tribunal reasonably understood, and there is no basis for saying that they thought that Mr Young for the Owners must have missed the point. As far as the tribunal were concerned Mr Young made no objection to the point being put by Mr Parsons in that way. As far as the tribunal were concerned Mr Young had been making many points for the Owners to defeat the Charterers' claim on causation, and had no reason to appreciate that Mr Young might be missing some additional point.

40. Can it be said that they acted unfairly in not saying something to Mr Young about the way Mr Parsons was now putting his case? In my view it would be placing an unfair burden on any tribunal where (I stress) they do not appreciate that a point is being missed, to check whether leading counsel understands what is being said.

41. Mr Young relied on what Ackner LJ said in *The Vimeira* [1984] 2 Lloyd's Rep 66 (CA) when he put the matter this way: - "*The essential function of an arbitrator or, indeed, a Judge is to resolve the issues raised by the parties. The pleadings record what those issues are thought to be and, at the conclusion of the evidence, it should be apparent what issues still remain live issues. If an arbitrator considers that the parties or their experts have missed the real point-a dangerous assumption to make, particularly where, as in this case, the parties were represented by very experienced Counsel and solicitors-then it is not only a matter of obvious prudence, but the arbitrator is obliged, in common fairness or, as it is sometimes described, as a matter of natural justice, to put the point to them so that they have an opportunity of dealing with it.*"

42. That supports the view I am seeking to express. If an arbitrator appreciates

that a party has missed a point then fairness requires the arbitrator to raise it so that the party can deal with it. But where there is no such appreciation it is not unfair to leave it to counsel particularly highly experienced counsel who shows a detailed knowledge of the case to take such points as he wishes. Conclusion

43. For the reasons I have endeavoured to give which are very much the same as those of the judge, I would dismiss the appeal.

◎延期

日本信越化学工业株式会社申请承认日本仲裁裁决案
（2008 年，中国最高人民法院）

最高人民法院
《关于不予承认日本商事仲裁协会东京
04－05 号仲裁裁决的报告》的复函

2008 年 3 月 3 日　　［2007］民四他字第 26 号

江苏省高级人民法院：

你院〔2007〕苏民三他字第 0002 号《关于不予承认日本商事仲裁协会东京 04－05 号仲裁裁决的报告》收悉。经法院审判委员会讨论，答复如下：

本案系日本信越化学工业株式会社（以下简称信越会社）向我国法院申请承认日本商事仲裁协会作出的仲裁裁决，中日两国均为《承认及执行外国仲裁裁决公约》（以下简称《纽约公约》）的缔约国，因此应当依据《纽约公约》的有关规定进行审查。

从你院请示报告中反映的情况看，本案仲裁裁决在作出的期限及相关通知程序方面与《日本商事仲裁协会商事仲裁规则》（以下简称《仲裁规则》）和《日本仲裁法》的相关规定不符，存在《纽约公约》第 5 条第 1 款（乙）、（丁）项规定的情形。

首先，本案仲裁裁决在作出裁决的期限方面与《仲裁规则》不符。根据上述《仲裁规则》第 53.1 条的规定，“仲裁庭认为仲裁程序已进行得完全充分，可以进行裁决并决定终结审理程序时，仲裁庭应在作出该决定之日起 5 周内作出仲裁裁决；如果因为案情复杂或其他原因，仲裁庭认为有必要时，可以适当延长该期限，但不得超过8周。”2005年7月7日，仲裁庭决定接受日本信越化学工业株式会社（以下简称信越会社）变更仲裁请求的申请，并结束审理。2005年8月31日，仲裁庭宣布延后20天即2005年9月20日作出仲裁裁决，而实际作出仲裁裁决的日期为2006年2月23日，在决定结束审理之后，仲裁庭没有依照《仲裁规则》的规定按期作出仲裁裁决。当事双方在合同中约定：由本协议产生和与本协议相关的所有纠纷在双方无法协商解决的情况下，根据《仲裁规则》在日本东京进行仲裁。当事双方在合同中选择仲裁作为处理争议的方式，并明确约定了适用《仲裁规则》，因此该《仲裁规则》中的有关内容已经成为当事人协议的一部分。上述仲裁庭违反《仲裁规则》以及《日本仲裁法》的行为构成了《纽约公约》第5条第1款（丁）项规定的“仲裁机关之组成或仲裁程序与各造间之协议不符，或无协议而与仲裁地所在国法律不符”的情形。

其次，《仲裁规则》第53.2条规定：“仲裁庭在前款审理终结时，应把将要作出裁决的期限通知当事人”，仲裁庭在宣布2005年9月20日作出仲裁裁决后，直至实际作出裁决的2006年2月23日，没有按照《仲裁规则》的规定再次决定延期并通知当事人，构成了《纽约公约》第5条第1款（乙）项规定的“受裁决援用之一造未接获关于指派仲裁员或仲裁程序之适当通知，或因他故，致未能申辩者”的情形。

综上，同意你院的处理意见，本案仲裁裁决存在《纽约公约》第5条第1款（乙）、（丁）项规定的情形，不应予以承认。

此复。

刘某与商丘市金地置业有限公司
商品房买卖合同纠纷仲裁案

（2009年，中国河南省商丘市中级人民法院）

申请人商丘市金地置业有限公司请求人民法院依法撤销该裁决，称仲裁裁决违反法定程序，没有将仲裁庭的组成情况书面通知申请人，且仲裁裁决超期，违背了仲裁规则；并且裁决实体处理上明显不当。

法院认为，《中华人民共和国仲裁法》撤销仲裁裁决的6种情形，属程序违法问题或仲裁裁决违反公序良俗情形。申请人提出申请撤销仲裁裁决的理由是未将仲裁庭的组成情况书面通知申请人及仲裁裁决超期，实体处理明显不当。经法院调阅仲裁卷的有关材料，商丘仲裁委员会将组庭通知书书面通知了申请人，且有申请人的委托代理人吕某签收为凭。关于裁决超期的问题，仲裁机构在处理期间，为该案调解进行延期，并经仲裁委批准，程序并没违法。

◎财产保全

中国石油化工股份有限公司河南石油分公司与商丘市京九石油化工有限公司买卖合同纠纷案

（2009年，中国河南省商丘市睢阳区人民法院）

申请人中国石油化工股份有限公司河南石油分公司（以下简称“中石化河南公司”）与被申请人商丘市京九石油化工有限公司（以下简称“京九公司”）买卖合同纠纷一案，已经郑州市仲裁委员会立案仲裁。在仲裁期间，郑州市仲裁委员会函告法院，中石化河南公司提出财产保全申请，要求冻结被申请人京九公司银行存款160万元，申请人中石化河南公司已提供担保。

法院认为，申请人中石化河南公司的申请符合法律规定，为确保申请人的合法权益不受侵害，根据《中华人民共和国民事诉讼法》第92条、《中华人民共和国仲裁法》第28条的规定裁定如下：冻结被申请人京九公司银行存款160万元。

蒋某与北京天图设计工程有限公司建筑工程承包合同纠纷案

（2008年，中国湖南省资兴市人民法院）

郴州仲裁委员会在受理申请人蒋某与被申请人北京天图设计工程有限公司建筑工程承包合同纠纷一案中，于2008年10月16日将蒋某请求冻结、查封、扣押被申请人北京天图设计工程有限公司、李某的银行存款170万元或等值财产的申请提交法院执行。

经审查，法院认为申请人蒋某的申请符合法律规定。依照《中华人民共和国仲裁法》第28条、《最高人民法院关于人民法院执行工作若干问题的规定（试行）》第11条、《中华人民共和国民事诉讼法》第94条、第140条第1款（四）项之规定，裁定如下：冻结被申请人北京天图设计工程有限公司、李某的银行存款170万元或查封、扣押其等值财产。

卓某与常德市金城房地产综合开发有限公司商品房买卖合同纠纷仲裁案

（2009 年，中国湖南省常德市中级人民法院）

申请人卓某因与被申请人常德市金城房地产综合开发有限公司（以下简称金城公司）发生商品房买卖合同纠纷，向常德仲裁委员会申请仲裁，并提出财产保全申请，请求对金城公司银行账户上的存款予以冻结。常德仲裁委员会已受理卓某的申请，依据《中华人民共和国仲裁法》第 28 条第 1、2 款的规定，致函法院采取保全措施。

法院认为，卓某的申请及常德仲裁委员会的致函符合法律规定，且卓某提供了相应的房产为其保全申请提供担保。依照《中华人民共和国民事诉讼法》第 140 条第 1 款（十一）项之规定，裁定如下：对金城公司银行账户的存款 7.2 万元予以冻结，或查封其相应价值的财产。

Amusement Impact Limited 与郑州市海源石化有限责任公司、郑州中小企业担保有限公司财产损害赔偿纠纷案

（2009 年，中国河南省郑州市中级人民法院）

2006 年 10 月 11 日，海源公司向中国国际贸易仲裁委员会提出仲裁申请，仲裁委员会受案后，海源公司又于 2006 年 11 月 1 日向郑州市中级人民法院申请财产保全，郑州市中级人民法院于 2006 年 11 月 15 日作出（2006）郑民三初字第 345 号民事裁定，对艺能公司的游乐设备给予了查封。期间中小企业担保公司为海源公司的财产保全申请提供了担保。因海源公司申请仲裁不符合约定和相关规定，后海源公司向仲裁委员会提出撤回仲裁申请，仲裁委员会下发了［2007］中国贸仲京裁字第 0039 号《撤案决定》。2007 年 3 月 14 日，郑州市中级人民法院作出（2006）郑民三初字第 345－1 号民事裁定书，解除了对艺能公司的查封。由于海源公司的错误保全行为，致使艺能公司在保全期间（2006.11.15—2007.3.14）遭受了巨大的经济损失。原告艺能公司诉称：2006 年 3 月 15 日，America Carnival Enterprises Inc.（以下简称“美洲嘉年华”）与其签订租赁合同，由“美洲嘉年华”承租其机动游戏设备，时间为 60 天，从 2006 年 4 月 28 日至

2006年6月28日止，租金为70万美元（合计人民币567万元），4个月查封损失应得租金计人民币1 134万元。海源公司应承担上述损失的赔偿责任。根据《担保法》的规定，中小企业担保公司也要承担连带责任。为维护自己权益，特请求法院依法判令两被告连带承担赔偿游乐设备保全期间的损失共计人民币11 760 311元。

法院认为：本案纠纷的形成是基于海源公司在仲裁过程中申请财产保全，本案争议的财产保全行为受到《中华人民共和国仲裁法》和《中华人民共和国民事诉讼法》这一程序法的调整。诉讼保全制度的设定，是为了在当事人的权利义务确定后，保障债权人的权益得以实现。海源公司与艺能公司之间存在经济纠纷，无论是通过仲裁抑或是转而寻求诉讼途径解决，在实体审理并最终确定双方权责之前，艺能公司诉称海源公司申请财产保全错误给其造成仲裁期间（即2006年11月23日~2007年1月26日）的损失，没有依据，法院不予支持。海源公司在向仲裁委员会撤回仲裁申请时，因诉讼保全亦无事实和法律依托，故其应当同时向人民法院申请解除对艺能公司的财产保全，但海源公司撤回仲裁申请后，转而寻求诉讼途径解决双方之间的经济纠纷，而迟迟未向法院提出对艺能公司财产保全的解除申请，直至2007年3月16日对艺能公司的财产保全措施始得解除，故在此期间（即2007年1月27日~2007年3月16日）给艺能公司造成的经济损失应当由海源公司承担，中小企业担保公司依约在1 600万元的范围内承担连带赔偿责任。这期间的损失包括由于变更保全措施而发生的费用以及艺能公司可期待的租金损失。

专题五

中止程序和要求进行仲裁

弃权和迟延

◎ *Dolphin Maritime Ltd. & Dolphin Maritime Ltd. v. Cruise World Dyzenhaus Ltd.*（2006 年，2007 年，以色列特拉维夫地区法院，最高法院）

当事人未提出中止

◎ *AT&T Corp. v. Innocom Telecom LLC*（2007 年，美国加州北部地区法院）

事实和法律问题混合

◎ *EDF (Services) Limited v. Appleton Inc. & Appleton & Associates*（2007 年，加拿大安大略高等法院）

仲裁条款的存在

◎ *Dependable Highway Express, Inc. v. Navigators Insurance Co.*（2007 年，美国第九巡回上诉法院）

仲裁范围

◎ *Pandora Select Partners LP v. Strategy Real Estate Investments Ltd.*（2007 年，加拿大安大略高等法院）

◎ *Wilson v. Kiwi Safari Limited*（2007 年，新西兰高等法院）

要求仲裁机构进行仲裁

◎ *Global Gold Mining v. Peter M. Robinson & International Court of Arbitration*（2008 年，美国纽约南区地区法院）

◎弃权和迟延

Dolphin Maritime Ltd. & Dolphin Maritime Ltd. v. Cruise World Dyzenhaus Ltd.
（2006 年，2007 年，以色列特拉维夫地区法院，最高法院）

本案诉讼程序首先在特拉维夫法院进行。申请人申请中止这些程序，称 1968 年《以色列仲裁法》第 6 条规定，除非存在《纽约公约》第 2 条第 3 款规定的例外情形之一，否则应当中止这些程序。

法院认为，尽管第 6 条规定在争议受到仲裁条款约束时法院没有广泛的自由裁量权，但在一些案件中法院可以拒绝中止这些程序的申请，即使没有第 2 条第 3 款的例外情形适用。在本案中，法院认为申请人最初就提到了应该将案件提交仲裁且这些程序应被中止，但后来，其在没有任何保留的情况下同意永久性禁令作出之前保持临时禁令时，就已经忽略了最初提出的意见。而在本案当中，申请人再次提出中止申请时已经过去一年半，法院认定它已经放弃了这个主张。基于弃权和迟延，法院作出拒绝中止这些程序的裁定。

最高法院推翻了这一点。法院认为《纽约公约》规定的拒绝中止程序的要求没有被满足时，拒绝中止程序极为罕见。法院认为如果中止这些程序的申请包含近乎恶意或导致另一方当事人严重损害或严重背离保护司法程序完整性的程序规则，则下级法院可以拒绝中止这些程序的申请。然而，考虑到本案的事实，最高法院认为下级法院仅仅应该遵守《纽约公约》的第 2 条第 3 款，正如《以色列仲裁法》第 6 条所要求的那样。

◎当事人未提出中止

AT&T Corp. v. Innocom Telecom LLC
（2007 年，美国加州北部地区法院）

2002 年，原告 AT&T 同意为被告 Innocom 提供国际电信终端服务，并向被告发出了账单。当事人都同意任何争议通过仲裁解决，并由国际商会任命独任仲裁员。被告没有支付 2005 年 1 月和 2 月的费用，原告因此在 2006 年提起了寻求赔偿的诉讼。被告并没有回应，违约行为持续到2006年11月13日。法院对原告就违约诉讼作出了判决。法院认为，如有当事人提出，其就须中止诉讼程序以进行仲裁，但在本案当中，没有当事人提出中止诉讼，因此被告已经放弃了进行仲裁的权利，无需中止诉讼程序。

◎事实和法律问题混合

EDF（Services）Limited v. Appleton Inc. & Appleton & Associates

（2007年，加拿大安大略高等法院）

原告聘用被告就某项投资争议提供法律服务。聘用协议受哥伦比亚地区的法律管辖，并规定所有缘于有关履行该协议的争议、或与该协议的终止或违约有关的争议通过仲裁解决，仲裁由美国仲裁协会管理并适用《联邦仲裁法》。聘用协议还授权被告聘用一名法律顾问来参加有关投资争议的仲裁。被告随后聘用了一家加拿大律所。该两家机构的负责人实际上是一样的。后被告因为费用争议终止了聘用协议，并开出超过100万美元的发票。A取得依据《安大略律师法》就其收费进行评估的单方面命令，E则向安大略高等法院申请中止评估并将其提交仲裁。法院支持原告的申请。

在本案中，法院认为作为一般原则，对仲裁员管辖的异议必须由仲裁员决定，除非这个争议仅仅是法律问题。基于此考虑，法院遵循美国仲裁协会的《商事仲裁规则》和《安大略国际商事仲裁法》（包括了UNCITRAL的《示范法》），这两份文件都承认仲裁庭有权决定他们是否有管辖权。是否受聘用协议的约束这个争议既是事实问题又是法律问题，由于不仅仅是法律问题，法院依据《示范法》第8条作出中止评估程序的命令。法院认为，这个结果与安大略法院的政策是一致的，即当事人应受他们的协议约束以将争议提交仲裁，如果一个仲裁条款有两种解释，支持仲裁的那个解释将获得青睐。

☞ 判决摘录

Stay of Proceedings

[33] In my view there should be a permanent stay of the proceedings taken by Associates under the Solicitors Act. There are two basis for this. [34] Firstly,

Associates was not retained by EDF but rather was retained by Appleton Inc. The resolutions in 2005 did not operate as a separate retainer of Associates by EDF. Throughout the course of its work, Associates invoiced Appleton Inc. and was paid by Appleton Inc. It is against Appleton Inc. that Associates has any right to further compensation, if any.

[35] Secondly, it may be that insofar as Associates purports to have a right to be paid by EDF, it is bound by the terms of the Retainer Agreement, including the fee provisions and the arbitration provisions. The Retainer Agreement is governed by the laws of the District of Columbia. There has been no evidence filed in this proceeding as to what the law of the District of Columbia is regarding Retainer Agreements, and in those circumstances I am required to assume that relevant District of Columbia law is no different than Ontario law.

[36] After the appointment for the assessment of Associates' account was served, EDF by its solicitors in Ontario served notice on June 25, 2007 that EDF was invoking the arbitration provisions set out in the Retainer Agreement. Under the law of Ontario, it is not for the court on an application for a stay of proceedings to reach any final determination as to the scope of the arbitration agreement or whether a particular party to the legal proceedings is a party to the arbitration agreement. Those are matters within the jurisdiction of the arbitral tribunal. Only where it is clear that the dispute is outside the terms of the arbitration agreement, or that a party is not a party to the arbitration agreement, should the court reach any final determination in respect of such matters on an application for a stay of proceedings. Where it is arguable that the dispute falls within the terms of the arbitration agreement or that a party to the legal proceedings is a party to the arbitration agreement, the stay should be granted and those matters left to be determined by the arbitral tribunal. See Dalimpex Ltd. v. Janicki (2003), 64 O. R. 3d 737, para. 21.

[37] In Dell Computer Corp. v Union Des Consommateurs, 2007 S. C. C. 34, a case dealing with a class action under the Civil Code of Quebec, the claim was referred to arbitration. While that case did not expressly purport to be a case decided under our common law principles, it is a case of our Supreme Court and therefore instructive. Deschamps J. for the majority laid down a general rule that a challenge to the arbitrator's jurisdiction must be resolved first by the arbitrator unless the issue is based solely on a question of law. She stated:

First of all, I would lay down a general rule that in any case involving an arbitration clause, a challenge to the arbitrator's jurisdiction must be resolved first by the arbitrator. A court should depart from the rule of systematic referral to arbitration only if the challenge to the arbitrator's jurisdiction is based solely on a question of law.

If the challenge requires the production and review of factual evidence, the court should normally refer the case to arbitration, as arbitrators have, for this purpose, the same resources and expertise as courts. Where questions of mixed law and fact are concerned, the court hearing the referral application must refer the case to arbitration unless the questions of fact require only superficial consideration of the documentary evidence in the record.

[38] The arbitration provision in the Retainer Agreement calls for arbitration to be administered by the American Arbitration Association under its Commercial Arbitration Rules or under the Rules of Arbitration of the International Chamber of Commerce. Both of those sets of rules provide for the arbitrators to determine their jurisdiction. This is consistent with the Model Law which is part of the law of Ontario under the Ontario International Commercial Arbitration Act.

[39] The issue as to whether Associates is part of, or bound by, the Retainer Agreement is more than a question of law. It involves questions of fact or of mixed law and fact. EDF makes two submissions, both of which involve factual issues:

(i) Associates is a sub-agent of Appleton Inc. Whether there is privity of contract between the principal, EDF, and the sub-agent, Associates, depends upon the intention of the parties. If privity of contract was extended between EDF and Associates, it was done by virtue of the agent, Appleton Inc., engaging Associates as sub-agent, in which case any claim by Associates against EDF would necessarily be as sub-agent bound by the Retainer Agreement, including the arbitration provisions. EDF on this application relies upon a statement of Professor Fridman in Fridman, Law of Agency, 7th Edition at 168 as follows:

But it seems unnecessary to say more than (i) where the agent is not authorized to get someone else to perform the undertaking, there is no privity of contract between principal and sub-agent; (ii) where he is so authorized (for one of the reasons already discussed) the question of privity of contract between principal and sub-agent will turn upon the intention of the principal in the light of the express or implied authority he gave to the original agent; (iii) it may be said as a general guiding principle that the law leans against the creation of privity between principal and sub-agent, and requires what Wright J. called "precise proof" before the authorization of the creation of such privity can be substituted.

It is the position of EDF that it never gave authority to Appleton Inc. to authorize Associates to be retained on any basis that was not governed by the terms of the Retainer Agreement.

(ii) EDF contends in the alternative that Associates performed the work as the alter ego of Appleton Inc. It asserts that Mr. Appleton is the directing mind of both Associates and Appleton Inc., that Appleton Inc. exists as an extension of Associates revenue gathering activities while avoiding the constraints of Ontario law regarding contingent fee arrangements and that Associates cannot avoid the Retainer Agreement and its arbitration provisions when it acted as the alter ego of Appleton Inc. EDF relies upon Aluminum Co. of Canada v City of Toronto, 1944 CanLII 6 (S. C. C.), [1944] S. C. R. 267 at paras. 15 – 16 which states that the business of one company can embrace the business of another under certain conditions, such as when a directing mind of one reaches into the other.

[40] Appleton Inc. and Associates rely upon the "parties in interest" clause which provides that, except as specifically stated in the Retainer Agreement, nothing is intended to confer upon any person not a signatory any rights or remedies under that agreement. The clause in its entirety provides:

10. 5. Parties in Interest. This Agreement will inure to the benefit of and be binding upon the Parties and upon the successors and permitted assigns of each such Party. The Client specifically agrees that permitted assigns shall include a controlled, related or associated professional entity of the Firm. Other than as is specifically stated herein, nothing in this Agreement is intended to confer upon any person not a signatory hereto any rights or remedies under or by reason of this Agreement. Except as set out herein, no Party to this Agreement may assign his or its rights and duties under this Agreement without the consent of the other Parties.

[41] In my view, this provision of the Retainer Agreement is one for consideration by the arbitrators. The provision that nothing in the agreement is intended to confer upon any person not a signatory any rights or remedies under or by reason of the agreement may not prevent Assoiciates from being bound by the terms of the Retainer Agreement regarding fees and the arbitration requirements by virtue of legal principles

and related factual issues arising from the sub-agency and alter ego arguments raised by EDF. The fact that the Retainer Agreement by its terms does not permit Associates to exercise any rights or remedies under it does not necessarily mean that Associates is not bound by some of its terms.

[42] EDF has now commenced arbitration proceedings as a result of the invoice from Associates, although whether it continues with it as a result of this decision is unknown. Under the Ontario International Commercial Arbitration Act, an action by Appleton Inc. would be required to be stayed under Article 8 of the Model Law which is incorporated into Ontario law. The fact that there is currently an arbitration under the Retainer Agreement, and a dispute as to whether Associates is bound by the Retainer Agreement or whether the arbitrators have jurisdiction over Associates, is another reason for staying the assessment proceedings taken by Associates under the Solicitors Act either under the jurisdiction of s. 8 of the Ontario International Commercial Arbitration Act or s. 106 of the Courts of Justice Act. Where parties have agreed by contract that they will have claims decided by arbitrators, it is the policy of the Ontario courts to require that to be done. When the language of the arbitration clause is capable of bearing two interpretations, the courts should lean towards honouring the interpretation that provides for arbitration. See Canadian National Railway v Lovat Tunnel Equipment Inc. (1989), 37 C. P. C. (4th) 13 at paras. 20 - 21 (Ont. C. A.).

◎仲裁条款的存在

Dependable Highway Express, Inc. v. Navigators Insurance Co.

（2007 年，美国第九巡回上诉法院）

被告对原告的卡车和仓管员进行承保。由于两箱货物被盗，原告提起了近24.5万美元的损害赔偿请求。当被告拒绝支付这个请求时，原告向加利福尼亚州法院提起了诉讼，被告又转向地方法院。不久，被告又向英国高等法院提起诉讼，要求作出禁令禁止原告在美国继续诉讼程序。被告称应在英国仲裁以解决当事人之间的争议。原告没有出席，高等法院作出了禁令。随后被告基于英国的诉讼程序要求撤销或中止在美国的诉讼。原告反对，称被告引用的语言并非保单的一部分。地区法院批准了被告的申请。

第九巡回法院推翻了这个裁定，将案件发回重审。第九巡回法院首先分析了地方法院的推论，认为法院对自己案件进行控制的自由裁量权不能扩展至同意另一个法庭无期限的中止，因此认为地区法院存在自由裁量权的滥用，即在没有确定合同是否存在仲裁条款的情形下使用其行政权力使英国的仲裁继续进行，这对原告造成了损害。

法院认为，尽管礼让可能对英国禁令产生影响，也清楚地表明双方同意仲裁或选择法庭的条款，然而这个条款的存在是有争议的，基于仅仅支持选择法庭或仲裁条款的可能性来适用礼让是不合适的。地区法院在一审时应确认双方是否同意仲裁，只有在他们同意的情形下，才可以中止或撤销诉讼程序。

☞ 判决摘录

IV

Having determined that the district court's stated grounds for issuing the stay were erroneous, we next consider whether the stay nevertheless should be upheld under principles of international comity, as urged by Navigators. *See* Forest Guardians v. U. S. Forest Serv., 329 F. 3d 1089, 1097 (9th Cir. 2003) (" [W] e are free to affirm the district court on any ground supported by the record and briefed by the parties, and we are not limited to reviewing the district court's stated basis for its decision."). We conclude that deferring to the English proceedings as an exercise of comity would be inappropriate on the inadequate record before us.

Comity is the recognition which one nation allows within its territory to the legislative, executive or judicial acts of another nation. " Hilton v. Guyot, 159 U. S. 113, 164, 16 S. Ct. 139, 40 L. Ed. 95 (1895). The term " summarizes in a brief word a complex and elusive concept—the degree of deference that a domestic forum must pay to the act of a foreign government not otherwise binding on the forum. "Laker Airways Ltd. v. Sabena Belgian World Airlines, 235 U. S. App. D. C. 207, 731 F. 2d 909, 937 (D. C. Cir. 1984). Comity " is neither a matter of absolute obligation, on the one hand, nor of mere courtesy and good will, upon the other. " Hilton, 159 U. S. at 163 - 64. Indeed, there are limitations to the application of comity. When the foreign act is inherently inconsistent with the policies underlying comity, domestic recognition could tend either to legitimize the aberration or to encourage retaliation, undercutting the realization of the goals served by comity. No nation is under an unremitting obligation to enforce foreign interests which are fundamentally prejudicial to those of the domestic forum. Laker Airways, 731 F. 2d at 937.

Laker Airways, a seminal case on anti-suit injunctions and international comity, involved an antitrust action initiated by Laker against several domestic and international air carriers. Id. at 917. In response to Laker's U. S. lawsuit, several of the foreign defendants sought an anti-suit injunction in British court as a means to bar further domestic action. Id. at 918. The British court granted the injunction, prompting Laker to seek its own anti-suit injunction in the United States. *Id.* The district court granted Laker's injunction barring further British proceedings, *id.*, and on interlocutory appeal the D. C. Circuit held, in part, that the U. S. court was not bound by principles of international comity, id. at 915 - 16. The court noted that, " [w] hen the availability of an action in the domestic courts is necessary to a full and fair adjudication of the plaintiff's claims, a court should preserve the forum. " Id. at 929. Moreover, domestic courts should be wary of enforcing foreign injunctions where the " clear thrust of the requested relief was the termination of the United States... claim. Id. at 930. The *Laker Airways* court further emphasized that Laker's suit "was first instituted in the United States," and thus the "initial opportunity to exercise comity... was put to the United Kingdom courts. " Id. at 939. Because the defendants' "claims of comity now asserted in United States courts come burdened with the failure of the British to recognize comity," the district court did not err by refusing to extend comity to the later-filed British action. *Id.*

More recently, we addressed the comity doctrine in E. & J. Gallo Winery v. Andina Licores S. A., 446 F. 3d 984 (9th Cir. 2006), which involved a contract dispute between a California winery and its Ecuadorian distributor. Id. at 987. Following a series of disagreements concerning the parties' contract, Andina filed suit in Ecuador, alleging the violation of a decree that was issued by an Ecuadorian military dictatorship in 1976 and later repealed in 1997. *Id.* In response, Gallo filed suit in California pursuant to the contract's forum selection clause, seeking declaratory and injunctive relief, and damages. Id. at 988. After Andina removed the domestic action to federal court, the district court denied Gallo's request for a preliminary injunction restraining Andina's action in Ecuador and relying heavily on considerations of comity. *Id.*

On appeal, we held that the district court abused its discretion when it declined to grant a preliminary injunction. Highlighting the strong domestic policy favoring enforcement of forum selection clauses, and noting that neither party disputed the validity of the contract's clause naming California as the forum, we concluded that "[a]n anti-suit injunction is the only way Gallo can effectively enforce the forum selection clause." *Id.* In doing so, we rejected the district court's application of the comity doctrine. Although the Ecuadorian action was filed first, the parties had "previously agreed to litigate their disputes" in California, and thus respecting the Ecuadorian proceedings would frustrate "United States policy favoring the enforcement of forum selection clauses." Id. at 994. We therefore declined to extend comity to a foreign action instituted solely in an effort to "evade the enforcement of an otherwise valid forum selection clause." *Id.*

In light of the principles applied in *Laker Airways* and *E. & J. Gallo*, we conclude that invoking the international comity doctrine would be inappropriate on the inadequate record before us. Dependable filed suit in a U. S. forum before Navigators brought its anti-suit injunction action in the English court. The English court thus had the "initial opportunity to exercise comity," Laker Airways, 731 F. 2d at 939, but elected not to. Moreover, the clear thrust of Navigators' English action was to halt Dependable's domestic proceedings—a tactic frowned upon in *Laker Airways. Cf.* id. at 938 ("[B]y any definition the injunctions of the United Kingdom courts are not entitled to comity. This is because the action before the United Kingdom courts is specifically intended to interfere with and terminate Laker's United States antitrust suit. . . . [T]he English injunction seeks only to quash the practical power of the United States Courts to adjudicate claims under United States law. . . ."). Indeed, the express purpose of an anti-suit injunction, be it offensive or defensive, is to block litigation in a separate forum. Comity is not required where the British action was filed after the U. S. action for the sole purpose of interfering with the U. S. suit.

To be sure, Navigators' actions are far less egregious than those of the defendants in *Laker Airways* and *E. & J. Gallo. See* Laker Airways, 731 F. 2d at 932, 940 (characterizing defendants' conduct as "offensive" and the related actions of the British government as "arrogant"); E. & J. Gallo, 446 F. 3d at 995 ("Andina has involved Gallo in messy, protracted, and potentially fraudulent litigation in Ecuador in direct contravention of a valid and enforceable forum selection clause."); *see also id.*

(delaying issuance of the mandate to consider whether to impose sanctions pursuant to the court's inherent authority). The record now before us contains no evidence that Navigators has acted in bad faith or sought deliberately to circumvent the terms of the agreement with Dependable (whatever the district court may find them to be on remand). On the contrary, Navigators claims it has acted in accordance with the terms of a forum selection clause that it believed to have been part of the insurance contract. Despite Navigators' purportedly good intentions, however, the practical effect of its action in English court was to interfere with the domestic forum's ability to adjudicate the dispute.

If the record were clear that the parties agreed to foreign arbitration, or if the district court made such a determination, we would have little trouble upholding the stay on grounds of international comity. *See* Mitsubishi Motors Corp. v. Soler Chrysler-Plymouth, Inc., 473 U.S. 614, 629, 105 S. Ct. 3346, 87 L. Ed. 2d 444 (1985) (concluding that "international comity... and sensitivity to the need of the international commercial system for predictability in the resolution of disputes require [enforcement of a foreign arbitration clause], even assuming that a contrary result would be forthcoming in a domestic context"). The English court would not have been bound by principles of comity in the first instance, and the district court's stay would have simply recognized the validity of the parties' forum selection clause. *See* E. & J. Gallo, 446 F.3d at 994 ("[W]here private parties have previously agreed to litigate their disputes in a certain forum, one party's filing first in a different forum would not implicate comity at all [in the second forum]."). Central to the dispute before us, however, is the parties' disagreement over the very existence of arbitration and forum selection clauses designating London as the site of the arbitration and English law as the sole means of settling insurance coverage disputes. *Cf. id.* (noting that "the contract clearly contains a California choice-of-law clause"). Where, as here, the record does not even contain a copy of the original insurance contract, it would be improper to invoke international comity based on the mere possibility of upholding a disputed forum selection or arbitration clause.

In sum, because the district court never addressed the parties' dispute over the substance of the contract—specifically, the contested arbitration clause—we decline Navigators' invitation to defer to the English anti-suit injunction obtained in Dependable's absence. *See* Laker Airways, 731 F.2d at 934 (noting that a forum with jurisdiction over a particular dispute is not obligated to "stay its own proceedings in response to an anti-suit injunction").

V

We hold that the district court's indefinite *Landis* stay was an abuse of discretion. Furthermore, upholding the stay under the doctrine of international comity would be inappropriate at this stage based on the limited record before us. We remand so the district court can develop the record in order to determine whether Dependable and Navigators agreed to arbitrate disputes arising from the insurance contract. *See* Nagrampa v. MailCoups, Inc., 469 F. 3d 1257, 1268 (9th Cir. 2006) (en banc) (reiterating that a district court is obligated to answer threshold issues of arbitrability). We leave to the district court's determination the scope of any necessary discovery and whether the arbitrability issue can be resolved on summary judgment. If there are contested issues of material fact on that issue, the district court might consider conducting a bifurcated trial and proceed to the merits only if the factfinder determines that there is no arbitration clause in the contract. Conversely, if the evidence shows the existence of the arbitration clause, the district court is free to issue another stay as warranted under principles of international comity or the Federal Arbitration Act, 9 U. S. C. § § 3 – 4.

The stay order in No. 05 – 56346 is REVERSED and the case is REMANDED for further proceedings consistent with this opinion. The petition for a writ of mandamus in No. 05 – 75033 is DISMISSED as moot. The parties shall bear their own costs.

◎仲裁范围

Pandora Select Partners LP v. Strategy Real Estate Investments Ltd.

（2007年，加拿大安大略高等法院）

原告是外国投资者，在一次交易中，它几乎购买了由被告提供的所有证券。这个订购协议包含了法律选择和提交管辖的条款，并规定这个协议由纽约州的法律来支配，任何产生于这个协议或与其有关的争议、诉讼只能提交到纽约的州法院或联邦法院。这个协议还包含了仲裁条款，规定任何产生于或与订购协议有关的、或与被告有关的、或与订购者在被告的投资有关的争议仅能在纽约通过仲裁解决，并依据美国仲裁协会的规则。后发生争议，原告在纽约法院提起了诉讼。随后，原告决定中止诉讼并在纽约进行仲裁。被告称订购协议中的仲裁条款广泛到足以包括《安大略公司法》规定的救济措施，这些救济措施是否属于仲裁管辖的范围应由仲裁庭在初步审理中决定。另一方面，原告认为在无明确规定的情况下，仲裁条款不应该被解释为排除股东强制被告履行其公司法下的义务。

通过分析仲裁条款的语言，法院认为它并没有包括法定股东救济措施的争议。如果仲裁条款被解释为防止股东寻求司法审查，订购协议的条款将会免除被告关于财务披露的主要义务。在缺乏司法强制执行的情形下，将没有法庭来强制执行这些义务并且公司法的规定也会被规避。法院认为依据《安大略国际商事仲裁法》第 8 条其还有认定该争议是否属于仲裁条款范围的剩余裁决权。法院最后拒绝中止其诉讼程序。

☞ 判决摘录

The Arbitration Clause

[14] In order to determine whether a claim should be stayed in favour of arbitration, the Court first interprets the arbitration provision and then analyzes the claims to determine whether they must be decided by an arbitrator under the agreement: Mantini v Smith Lyons 2003 CanLII 22736 (ON C. A.), (2003), 64 O. R. (3d) 505 (C. A.). at 511. The clause is to be read in the context of the agreement as a whole. The Applicants submit that absent clear language to the contrary, the arbitration clause contained in the Subscription Agreements should not be read as precluding the Applicants from obtaining judicial enforcement of SREI's fundamental financial reporting obligations under the OBCA.

[15] The right of shareholders to financial reporting is solely a function of the legal relationship between a corporation and its shareholders under the OBCA. By contrast, the arbitration clause is contained in the Subscription Agreements, the purpose of which was to consummate a commercial transaction. The Subscription Agreements do not purport to apply to the core obligations which SREI has to the Applicants under the OBCA. Rather, they are primarily comprised of terms peculiar to the transaction, namely, representations and warranties between the parties that were intended "to induce" one another "to enter into" the Subscription Agreements, together with various covenants by SREI, including ones relating to compliance with U. S. securities

leglslation, compliance with laws, the keeping of records and books of account and the status of dividends. This would suggest that the arbitration clause is properly interpreted as applying to issues arising in the context of the transaction contemplated by the Subscription Agreements.

[16] If the arbitration clause is interpreted as prohibiting the Applicants from seeking judcial enforcement of SREI's core obligations under the OBCA, this would mean that, merely by agreeing to include the arbitration clause in the Subscription Agreements, the Applicants have absolved SREI of its core financial disclosure obligations. In particular, if the arbitration clause prohibits the Applicants from seeking judicial enforcement of SREI's core obligations, it is likely the case that there is no forum to which the Applicants can turn to enforce those core obligations, thereby rendering the obligation nugatory. In turn, the arbitration clause would effectively circumvent the statutory requirement of explicit written consent provided by section 148 (b) to exempt SREI from its obligations under Part XII of the OBCA. The deprivation of a statutory right is a matter to be considered in determining the scope of an arbitration clause: Automatic Systems Inc. v. Bracknell Corp. 1994 CanLII 1871 (ON C. A.), (1994), 18 O. R. (3d) 257 (C. A.) at pp. 263, 269.

[17] The Respondent does not dispute that it has statutory obligations to the Applicants that give rise to remedies under the OBCA. It advances two submissions. First, it submits that the language of the arbitration clause is broad enough to encompass OBCA remedies and; second, that it is for the arbitral panel to rule on the question of its jurisidiction to adjudicate the issue of OBCA remedies. According to the Respondent, the Applicants have not lost any statutory rights as shareholders by submitting to arbitration. Rather, they have simply agreed to have their OBCA rights adjudicated in a different forum. In support of this submission, it points to language in the arbitration clause that requires arbitration for "any dispute arising out of, relating to or in connection with ... the Subscriber's investment in the Company ... ". It seems to me that this language, fairly interpreted, captures disputes about the investment transaction and not about statutory shareholder remedies.

[18] The Applicants acknowledge that the remedies sought in the Ontario proceedings are broader than the mere appointment of an auditor or the delivery of audited financial statements. However, in light of SREI's conduct, they have sought an investigation and the appointment of an inspector under Part XIII of the OBCA and will

argue that this is required to discharge SREI's obligation to provide the Applicants with an accurate picture of SREI's financial position.

[19] An inspector under Part XIII of the OBCA is appointed with the powers set forth in the Court's orders and for those purposes is a Court officer. The inspector is a fact-finder but does not determine civil liability. The inspector's role is inquisitional. He or she is given fact-finding and information-gathering powers, but these powers are not intended to be a substitute for discovery in the ordinary course of litigation or, for that matter, arbitration: See, Holden v Infolink Technolgies Ltd., [2005] O. J. No. 4393. Arbitration has many of the hallmarks of litigation. It is an adversarial process resulting in the adjudication of a dispute. Arbitration has none of the hallmarks of an investigation conducted by a Court-appointed officer.

[20] It is not the function of the Court on a stay application under Article 8 to reach any final determination as to the scope of the arbitration agreement and arguable disputes should be referred to arbitration. Dalimplex Ltd. v. Janicki 2003 CanLII 34234 (ON C. A.), (2003) 64 O. R. (3d) 737 (C. A.) adopting Gulf Canada Resources v. Arochem International Ltd. 1992 CanLII 4033 (BC C. A.), (1992) 66 B. C. L. R. (2d) 113 (C. A.) (per Hinkson J. A.). However, the Court continues to have some residual jurisdiction to decide if the alleged dispute comes within the terms of the agreement. In my view, the arbitration clause would need to have much more explicit language than it does to encompass the determination of the Respondent's statutory obligations and the Applicants' statutory remedies under the OBCA. I conclude that the Application before the Court is not a dispute that falls within the arbitration clause in the Subscription Agreements.

[21] It may be that on the hearing of the Application, the Court will conclude that other remedies such as the appointment of a receiver are available to the Applicants in the arbitration and a Court-appointed inspector is unnecessary. However, that determination is for another day. The arbitration clause does not stand in the way of that hearing. The Ontario proceedings do not duplicate the claims in the arbitration, nor are they being used to circumvent the discovery process in the current arbitration. Rather, the sole purpose of these proceedings is to enforce, in the forum specified by the OBCA, the Applicants' statutory right to know the financial health of SREI. The purpose of the arbitration is entirely different. It is to adjudicate the Applicants' entitlement to compensation resulting from the Respondent's alleged breaches of the

Subscription Agreements.

Wilson v. Kiwi Safari Limited

（2007 年，新西兰高等法院）

Wilsons 将他们的业务卖给了 Kiwi Safaris。这个买卖合同包含了标准形式的仲裁条款，条款规定双方当事人同意将所有与该合同或合同的订立或合同下任意一方当事人的权利或义务有关的争议或异议提交仲裁。这个合同还包含了一条贸易限制条款。双方随后签订了协议确认该贸易限制。另外，该协议规定 Wilsons 可以向法院寻求禁令以执行这个限制，法院可以在该协议的任何一部分失效或无法履行时修改该协议。

高等法院认为买卖合同中的仲裁条款适用于与该协议有关的争议，尽管随后的协议规定某些问题将提交给法院。法院认为，这个协议是受买卖合同约束的，如果当事人有意排除仲裁，他们应该在该协议中提到，仅约定向法院提出救济是不充分的。高等法院考虑到，如果该仲裁条款不适用于该协议，将会出现诉讼程序和仲裁程序共同处理同样的案件。高等法院因此依据新西兰 1996 年《仲裁法》（该法内容涵盖《联合国国际商事仲裁示范法》）第 8 条作出中止诉讼程序的裁定。

◎要求仲裁机构进行仲裁

Global Gold Mining v. Peter M. Robinson & International Court of Arbitration

（2008 年，美国纽约南区地区法院）

原告同意向三个亚美尼亚股东购买一家亚美尼亚公司的股票。股票购买协议中规定依据 ICC 规则进行仲裁。后争议产生后，原告提起了针对这三个股东和另一个声称是隐名股东的仲裁。股东未对仲裁的提起作出任何反应。

依据 ICC 规则第 6 条第 2 款，ICC 仲裁庭称原告和这三个股东之间的仲裁条款是有效的，但与另一个股东是无效的。因此，ICC 仲裁庭仅仅就原告和这三个股东之间的争议进行仲裁。原告向法院提出请求，要求法院命令 ICC 仲裁庭也将其与另一个未披露股东的争议通过仲裁进行解决。

法院认为ICC规则第6条第2款明确赋予了ICC仲裁庭在一审裁定争议的权利，并且当事人都明确表示选择ICC规则来进行仲裁。法院还认为为了向法院提出是否存在与第四个股东的有效仲裁条款，原告须提出针对那个股东的仲裁，而不是针对ICC被告的禁令诉讼。法院驳回了原告主张。

☞ 判决摘录

Under American law, a party that wishes to "ask a court... whether or not there is a binding arbitration agreement" (id.) typically sues to compel arbitration by asking a "court having jurisdiction" over the issue to "direct that arbitration be held in accordance with the agreement at any place therein provided for." 9 U. S. C. § 206; see also 9 U. S. C. § 4 (A party "aggrieved by the alleged failure, neglect, or refusal of another to arbitrate under a written agreement for arbitration" may petition a court which, "save for such agreement, would have jurisdiction" over the dispute "for an order directing that such arbitration proceed in the manner provided for in such agreement."). GGM does not cite any precedent for bringing an action to compel arbitration against arbitrators or an arbitral organization.

Similarly, parties seeking "review" of an arbitrator's ultimate decision do not normally sue the arbitrator; instead, they bring an action against the counterparties to the arbitration seeking to confirm or vacate the arbitrators' decision. See 9 U. S. C. § § 9–12. As the Second Circuit mentioned in passing in Shaw, where the ICC Court had determined, pursuant to Rule 6 (2), that a petitioner had an arbitrable dispute against one party but not others, an action in federal court involving both that petitioner and those other parties-but not the ICC Court or the ICC-would satisfy Rule 6 (2) by allowing the petitioning party "to seek review of the arbitrator's [i. e. the ICC Court's] decision" that the petitioner's dispute against the other parties was not prima facie arbitrable. Shaw, 322 F. 3d at 122 n. 3. Here, therefore, in order to put the question whether a binding arbitration agreement with Ayyazian exists before a court, GGM must bring a motion to compel arbitration against Ayvazian himself, not in injunctive action against the ICC respondents.

General principles undergirding the law of arbitration also counsel against GGM's approach. The parties devote considerable attention to debating the precise scope of arbitral immunity, debating whether such immunity extends beyond suits for damages to encompass suits for equitable relief, and whether the equitable relief sought here should be characterized as "retrospective" or "prospective." 6 But in this case the precise contours of arbitral immunity are less important than the general principle involved. The Court need not decide whether the ICC respondents are flatly immune from suit, because the principles underlying such immunity are helpful in interpreting the ICC Rules, and lead to the conclusion that the rule permitting a disappointed party seeking arbitration to put the issue to a court should not be read to contemplate an action against the ICC Court itself seeking review of its prima facie decision.

The rationale of arbitral immunity is that such immunity " 'is essential to protect the decision-maker from undue influence and protect the decision-making process from reprisals by dissatisfied litigants.' " Austern v. Chicago Bd. of Options Exch., Inc., 898 F. 2d 882, 886 (2d Cir. 1990), quoting Corey v. New York Stock Exch., 691 F. 2d 1205, 1211 (6th Cir. 1982); see

also Pfannenstiel v. Merrill Lynch, Pierce, Fenner & Smith, 477 F. 3d 1155, 1158 (10th Cir. 2007), quoting New England Cleaning Servs., Inc. v. American Arbitration Ass'n, 199 F. 3d 542, 545 (1st Cir. 1999). In order to protect the decision-making process, courts should be wary of "claim [s] [which], regardless of [their] nominal title, effectively seek to challenge [a] decisional act" made during the arbitration process. Pfannenstiel, 477 F. 3d at 1159.

That rationale extends equally to claims against arbitral administrative institutions, when they perform "functions that are integrally related to the arbitral process." ...

专题六

仲 裁 裁 决

裁决效力

◎ 北京云运恒通塑钢门窗有限公司与江苏省建工集团有限公司、北京世纪盛嘉科贸有限公司承揽合同纠纷案（2009 年，中国北京市平谷区人民法院）

超裁

◎ 北京电信通绿信科技有限公司申请撤销仲裁裁决案（2007 年，中国北京市第二中级人民法院）

◎ 宋某与河南宏光奥林匹克置业有限公司申请撤销仲裁裁决案（2009 年，中国河南省郑州市中级人民法院）

◎ 河南欣港工贸有限公司申请撤销仲裁裁决案（2009 年，中国河南省焦作市中级人民法院）

和解裁决

◎ 新疆建工集团建设工程有限责任公司与新疆宝亨房地产开发有限公司案（2007 年，中国最高人民法院）

部分裁决

◎ *No.* 26 *Sch* 20/06（2007 年，德国法兰克福高等地区法院）

签名

◎ *Nahuelsat S/A v. Empresa Brasileira de Telecomunicações S/A-Embratel*（2007 年，巴西高等法院）

裁决作出期限

◎ *Jawhara Printing Co. & Jawhara Carton Co. v. Arab Company for Design and Construction*（2008 年，埃及开罗上诉法院）

裁决理由

◎ *No*. 07*A*924（2007 年，葡萄牙最高法院）

裁决译本

◎ *No*. 6 *Sch* 05/06（2006 年，德国汉堡高等法院）

◎裁决效力

北京云运恒通塑钢门窗有限公司与江苏省建工集团有限公司、北京世纪盛嘉科贸有限公司承揽合同纠纷案

（2009 年，中国北京市平谷区人民法院）

原告诉至法院，请求法院判令两被告立即给付尚欠原告的门窗款 43 613.12 元，以及逾期付款违约金 10 000 元，合计 53 613.12 元，并承担本案诉讼费用。被告世纪盛嘉公司答辩称：在 2007 年，江苏建工集团就涉案工程的工程款结算问题向北京仲裁委员会申请了仲裁。在仲裁过程中，仲裁庭委托鉴定机构就工程进行了造价鉴定，并出具了鉴定报告。这个报告可以反映出我公司已经将门窗款给付江苏建工集团。因此，我公司同意由江苏建工集团给付原告门窗款，但不同意由我公司给付。三方当事人均不申请撤销（2008）京仲裁字第 0522 号裁决书。

法院认为：北京仲裁委员会（2008）京仲裁字第 0522 号裁决书已经将本案争议的门窗加工款 63 613.12 元作为综合楼 B 段工程款的一部分裁决给江苏建工集团，对此江苏建工集团并没有提出异议，并且申请了强制执行，世纪盛嘉公司也已经支付了欠付的工程款 181 479.59 元及利息。由于世纪盛嘉公司与江苏建工集团之间存在建设工程施工合同，将门窗加工款作为全部工程款的一部分进行整体结算并无不可，但是江苏建工集团应当在收到上述工程款后，将其中包含的门窗加工款给付实际加工人云运恒通公司。故云运恒通公司要求江苏建工集团给付门窗款 43 613.12 元的诉讼请求，法院予以支持。在庭审中，江苏建工集团以其与云运恒通公司之间不存在承揽合同关系为由拒绝给付上述门窗款，且认为基于合同相对性的基本原则，该门窗款应当由世纪盛嘉公司给付。对此，法院认

为，虽然基于合同关系，该门窗款应当由世纪盛嘉公司给付，但是如果判决由世纪盛嘉公司给付，或者判决由其与江苏建工集团共同给付，必然会造成在不撤销两份仲裁裁决书的情况下，世纪盛嘉公司重复给付的情形发生。因为，当世纪盛嘉公司向云运恒通公司给付门窗款之后，其又无法从江苏建工集团要回已经支付的包含在工程款中的门窗款。事实上，北京仲裁委员会的（2009）京仲裁字第0453号裁决书已经基于“一事不再理”的规定驳回了世纪盛嘉公司要求江苏建工集团返还门窗款的申请。法院基于公平原则，同时也为了避免当事人的诉累，故判决由江苏建工集团直接给付云运恒通公司门窗款43 613.12元，并驳回云运恒通公司要求世纪盛嘉公司共同给付门窗款的诉讼请求。

◎超裁

北京电信通绿信科技有限公司申请撤销仲裁裁决案
（2007年，中国北京市第二中级人民法院）

申请人电信通绿信公司申请称：仲裁裁决内容超出了本案的仲裁范围，应依法予以撤销。2002年6月14日，电信通绿信公司与北京中裕盛世数码科技有限公司（以下简称中裕盛世公司）签订了一份《总代理协议》，其主要内容为：中裕盛世公司作为电信通绿信公司生产的AR2000功能相同或近似产品的唯一总代理进行业务发展，并约定平均每季度购买电信通绿信公司的产品不低于1 000万元人民币，以确保中裕盛世公司的总代理地位，同时约定了仲裁条款。同日，双方依据《总代理协议》的约定又签署了一份《供货合同》，明确约定：中裕盛世公司向电信通绿信公司购买价值达10 014 500元的产品，并约定了货款的支付条件等内容，同时在此份《供货合同》中双方也约定了仲裁条款。2005年6月10日，中裕盛世公司依据《总代理协议》中的仲裁条款，向仲裁委员会提出仲裁申请，要求电信通绿信公司返还剩余货款。仲裁裁决书中明确描述，本案所涉《总代理协议》第9条约定适用中华人民共和国法律。电信通绿信公司在仲裁庭重新审理此案时明确表示：电信通绿信公司与中裕盛世公司于2002年6月14日分别签署的《总代理协议》和《供货合同》是两个法律关系。电信通绿信公司并未依据《总代理协议》收取中裕盛世公司任何货款，因此电信通绿信公司在《总代理协议》项下并没有向中裕盛世公司返还货款的义务。电信通绿信公司收到中裕盛世公司货款是依据双方所签的《供货合同》，现中裕盛世公司依据《总代理协议》中的仲裁条款向仲裁委员会提出申请并要求电信通绿信公司返还货款是没有任何事实及法律依据的。但仲裁委员会没有充分注意到《总代理协议》和《供货合同》中均分别约定有仲裁条款，在仲裁裁决书中依据《总代理协议》中的仲裁条款对《供货合同》中双方的权利、义务进行了裁决，这超出了本案的仲裁范围，应属无效。

经审查，法院认为：首先，电信通绿信公司与中裕盛世公司在《总代理协议》中对付款方式约定为，中裕盛世公司订货时需向电信通绿信公司交清相当于订货额一定比例的预付款，并于提货时按合同余额向电信通绿信公司开具不可撤销银行承兑汇票，具体见供货合同。上述约定说明，《供货合同》与《总代理协议》密不可分，《供货合同》是对《总代理协议》的补充，是履行《总代理协议》的具体合同。电信通绿信公司与中裕盛世公司要求退还剩余预付款的争议，与《总代理协议》和《供货合同》均有关联。其次，双方当事人在《总代理协议》中约定了争议解决方式，即在发生因履行本协议而引起的或与本协议有关的争议时，任何一方将争议提交仲裁，在中华人民共和国经济贸易仲裁委员会按照该委员会的仲裁规则进行。而且，双方在《供货合同》中也约定了将有关争议提交中国国际经济贸易仲裁委员会仲裁的条款。因此，仲裁庭审理当事人双方剩余预付款争议并作出相关裁决，未超出仲裁协议的范围。电信通绿信公司的申请理由不成立，法院不予支持。

宋某与河南宏光奥林匹克置业有限公司
申请撤销仲裁裁决案

（2009年，中国河南省郑州市中级人民法院）

申请人宋某与被申请人河南宏光奥林匹克置业有限公司（以下简称宏光公司）申请撤销仲裁裁决一案中，申请理由之一为裁决超出仲裁协议范围。申请人认为，从法律关系看，宏光公司对银行履行保证责任而被扣划保证金，与商品房买卖合同中的付款义务，二者非属同一法律关系。按揭购房制度一般存在多个法律关系，其既互为关联又相对独立。首先银行扣划宏光公司保证金账户款项，基于《交通银行个人购房按揭贷款协议书》，系宏光公司就整个楼盘开发时与银行签订的，宋某并不知情也未签字；其次是由于三方签订的《个人住房抵押贷款合同》，银行作为担保权人宣布贷款提前到期，在借款人未偿还情况下，银行扣划其保证金，是为担保权的实现，并非对三方担保贷款合同的悔约，提前收回贷款与原由宋某借款支付的房款是两个关系。按最高院关于商品房买卖合同的司法解释，本案仅应处理商品房买卖合同纠纷，然而本案裁决书却将担保贷款合同三方关于拖欠贷款、履行保证扣款、担保追偿纠纷，强拉到商品房买卖合同中合并处理。裁决书表面表示仅处理商品房买卖纠纷，担保贷款合同可作证据提出，但其并不能证明申请人没有支付房款。本案仲裁庭借使用证据之名，行合并审理之实。

法院认为：该案所涉及的宋某与宏光公司商品房买卖合同与宋某与宏光公司、银行三方抵押贷款合同两者虽然不是同一法律关系，但具有关联性。仲裁委在对宋某与宏光公司的房屋买卖合同案件作出实体裁决时并未对宋某、宏光公司与银行三方签订的抵押贷款合同作出认定和处理，仅将抵押贷款合同的履行情况作为该案证据予以认定，其仲裁结果亦不涉及抵押贷款合同，裁决事项属于仲裁协议约定的范围。宋某申请撤销郑州仲裁委员会作出的（2008）郑仲裁第255号裁决的请求，法院不予支持。

河南欣港工贸有限公司申请撤销仲裁裁决案
（2009年，中国河南省焦作市中级人民法院）

申请人欣港公司的申请理由之一为：仲裁员在仲裁该案时有徇私舞弊，枉法裁决行为。王某向仲裁委申请仲裁，请求是欣港公司向王某继续履行合同并交付房产，但仲裁庭却裁决欣港公司向王某支付工程款，其裁决超越了当事人的请求，属枉法裁判。请求撤销焦作仲裁委员会（2008）焦仲裁字第01号裁决。

经审查，法院认为：王某向焦作市仲裁委员会仲裁申请，其仲裁请求是欣港公司向王某继续履行合同并支付四套房产及相应地下室（价值40万），在仲裁审理过程中，王某也未申请变更仲裁申请。既然仲裁裁决认定《建设工程施工合同》无效，就应依法驳回王某的仲裁请求，或者行使释明权，引导王某变更仲裁请求，而仲裁却直接裁决欣港公司支付王某382 020元工程款与王某的仲裁请求不符，其裁决超出了当事人的请求范围，应予撤销。

◎和解裁决

新疆建工集团建设工程有限责任公司与新疆宝亨房地产开发有限公司案
（2007年，中国最高人民法院）

最高人民法院

（［2007］执他字第9号2009年4月16日）

新疆维吾尔自治区高级人民法院：

你院《关于新疆建工集团建设工程有限责任公司与新疆宝亨房地产开发有限公司一案中有关问题的请示》收悉。经研究，现对有关法律问题答复如下：

在人民法院已经查封的财产又被仲裁裁决确权给案外人的情况下，执行法院可以依照《民事诉讼法》第213条第3款的规定对仲裁裁决进行审查。如果认定当事人恶意串通进行仲裁裁决损害其他债权人利益，妨害执行秩序，执行法院应当依法将该裁决视为有违背社会公共利益的情形而裁定不予执行。同时，还应将此种行为视为妨害人民法院执行的行为，依法予以制裁。

◎部分裁决

No. 26 Sch 20/06
（2007年，德国法兰克福高等地区法院）

本案双方当事人的股份转让协议包含了仲裁条款。争议发生后双方进行仲裁。在本案程序进行过程中，仲裁庭通过2005年3月仲裁的第一个程序决定，决定自行或依据当事人的申请来任命一个或一个以上的专家。在2006年1月仲裁的程序决定中，仲裁庭决定将程序划分为责任阶段和定量阶段并且会在第一阶段弄清诉求和反诉求的事实后作出部分裁决。在2005年3月完成调查阶段后，仲裁庭命令当事人不再传唤证人或专家。双方同意停止传唤新的证人，但原告不同意停止传唤专家。但是，仲裁庭在2006年1月作出了部分裁决。该裁决驳回了反诉并命令原告支付损害赔偿。仲裁庭称赔偿金额将在随后的裁决中作出。

原告随后向法兰克福高等法院提出撤销裁决的请求。高等法院认为原告的请求不能得到支持，因为仲裁裁决是部分裁决，依据《德国民事诉讼法典》第

1059 条，只有处理了当事人提出的所有请求或者至少处理了与还待审理的相独立的请求的裁决能被撤销。而本案中并非如此。法院还认为撤销仲裁庭对反诉请求作出的裁定不能得到支持，因为仲裁庭还没有就与需仲裁庭在最终裁决中作裁定的诉求相独立的诉求作出裁定，因此这不是与仲裁程序相分离的部分。法院认为，仲裁庭可能在仲裁程序中两个阶段作出有分歧的裁决结果。因此，撤销或执行裁决都是不合适的。

◎签名

Nahuelsat S/A v. Empresa Brasileira de Telecomunicações S/A-Embratel

（2007 年，巴西高等法院）

Nahuelsat 和 Embratel 签订了一个共同使用卫星系统的协议。协议包括了一条仲裁条款。Nahuelsat 称 Embratel 违反了协议，故依据 ICC 规则在巴黎提起了仲裁。后仲裁庭作出裁决，要求 Embratel 向 Nahuelsat 赔偿。Nahuelsat 遂依据 1958 年《纽约公约》和巴西法律向巴西联邦法院启动了承认程序。

联邦最高法院裁定承认仲裁员的签名是形式问题，应该在承认裁决前作出。双方就此产生争议。后案件被提交给了巴西最高法院。巴西最高法院裁定尽管在裁决中缺乏仲裁员签名的承认，也应继续进行对外国仲裁裁决的承认程序。

◎裁决作出期限

Jawhara Printing Co. & Jawhara Carton Co. v. Arab Company for Design and Construction

（2008 年，埃及开罗上诉法院）

本案中双方当事人没有同意仲裁庭作出裁决的任何期限，因此法律规定的期限适用于本案。依照 1994 年《埃及仲裁法》第 45 条第 1 款，仲裁庭应在仲裁开始的 12 个月内作出裁决。仲裁庭并没有在该时限内作出裁决。相反，15 个月后，仲裁庭作出程序决定以延长最后期限。依据 1994 年《埃及仲裁法》第 27 条，仲裁程序应于被告收到来自原告的仲裁通知时开始，除非当事人同意另外的时间。如果裁决没有在规定的时间内作出，仲裁庭停止存在并丧失了裁决案件的管辖权，不能作出部分或最终的裁决，或者发布任何禁令。因此，法院认为延长最后期限的程序决定和最终裁决是在法定期限后作出的，仲裁庭丧失了对案件的管辖权且停止存在。因此，本案裁决须被撤销。

1994 年《埃及仲裁法》第 45 条第 1 款

仲裁庭须在当事人同意的期间内对整个争议作出最终裁决，在没有这种协议的情形下，仲裁裁决须从仲裁程序开始的那天起 12 个月内作出。在所有情况中，仲裁庭可以延长最后期限但不能超过 6 个月，除非当事人同意更长的期限。

◎裁决理由

No. 07*A*924

（2007 年，葡萄牙最高法院）

最高法院支持仲裁裁决并确定了的裁定。上诉人向里斯本上诉法院提起上诉，称仲裁裁决没有恰当地说明理由。里斯本上诉法院驳回了这个意见。上诉人遂向最高法院提起上诉。最高法院认为，只要仲裁庭已经考虑了涉及事实以及与形成裁决有关的证据，其并没有必要对事实和证据作出详细的分析。

◎裁决译本

No. 6 *Sch* 05/06

（2006 年，德国汉堡高等法院）

原告申请执行乌克兰工商协会国际商事仲裁院作出的仲裁裁决。被告反对该仲裁裁决的执行。被告的第一个反对意见是提交给法院的裁决还没有被正式的或宣誓的译员确认，而这是 1958 年《纽约公约》第 4 条第 2 款所要求的。法院依据《纽约公约》第 7 条规定的原则驳回此异议。法院可以依赖德国法律的条款，在对待翻译争议上这些条款比《纽约公约》第 4 条第 2 款更为开放。《德国民事诉讼法典》（ZPO）第 1064 条第 1 款和第 3 款以及第 142 条第 3 款承认了法院就正式的译本上的自由裁量权。被告没有对在庭审中呈递上的译本的正确性提出反对。因此，法院没有理由质疑翻译的正确性。被告还提到仲裁庭组成期间在选择仲裁员时他没有得到发表意见的机会，依据乌克兰法律该裁决是没有约束力的。法院指出被告已经参与了组成仲裁庭，也没有提供足够的证据证明没有约束力。因此，汉堡地区高等法院宣布裁决是可执行的。

专题七

法律适用

显然漠视法律

◎ *Interdigital Communications Corporation et al v. Samsung Electronics Co., Ltd.*（2007年，美国纽约南区地区法院）

友好仲裁

◎ *No.* 06-16.835（2007年，法国最高法庭）

仲裁地

◎ *Braes of Doune Wind Farm (Scotland) Ltd. v. Alfred McAlpine Business Services*（2008年，英国高等法院）

实体法的影响

◎ *No.* 26 *Sch* 3/06（2007年，德国法兰克福高等地区法院）

法律适用错误和枉法裁决

◎ 株洲市金属材料有限责任公司与株洲市祥瑞置业发展有限公司合作协议纠纷案（2009年，中国湖南省株洲市中级人民法院）

◎ 中国人民财产保险股份有限公司清丰支公司申请撤销仲裁裁决案（2009年，中国河南省濮阳市中级人民法院）

◎ 徐州华美房地产开发有限公司与周某申请撤销仲裁裁决案（2009年，中国江苏省徐州市中级人民法院）

◎显然漠视法律

Interdigital Communications Corporation et al v. Samsung Electronics Co. , Ltd.

（2007 年，美国纽约南区地区法院）

原告 Interdigital 与被告 Samsung 签订了一个无线手机技术的专利许可合同（许可合同）。依据许可合同，Samsung 同意根据某些条款向 Interdigital 支付使用费。随后 Interdigital 又与 Nokia 以不同的使用费率签订了专利许可合同。于是争议产生。Interdigital 和 Samsung 之间的第一个仲裁主要涉及费用如何分配。Interdigital 和 Nokia 又因类似的争议进行了仲裁，仲裁庭作出了有利于 Interdigital 的裁决。随后，在 Interdigital 和 Samsung 之间进行了第二个仲裁。在仲裁庭作出裁决之前，Interdigital 与 Nokia 达成和解协议。双方当事人就该和解协议的相关问题也产生争议。仲裁庭作出有利于 Interdigital 的裁决（第二个裁决）。Samsung 申请撤销裁决的理由包括：仲裁庭没有考虑到 Nokia 和解协议的关联性，违反了《联邦仲裁法》（FAA）第 10 章的（a）（3）；仲裁庭显然漠视禁止反言，即没有适用规定在第一个裁决中的每一单位的使用费；忽视了禁止反言，即在裁决中规定了利息。

法院驳回了被告的所有抗辩。首先，法院认为仲裁庭已将相关和解协议作为证据进行了考虑，并且即使仲裁裁决没有考虑 Nokia 和解协议属于拒绝审理重要证据，也不会导致不公正的结果。其次，法院不相信仲裁庭显然漠视法律。为了证明这个理论，一方当事人必须证明仲裁庭故意地漠视法律原则并故意不适用于案件。仲裁庭没有考虑禁止反言的争议，法院发现争议中的焦点足以证明仲裁裁决不适用这个原则。类似的，在第二个裁决中规定了利息并不表明忽视法律，因为第一个裁决没有明确表明禁止利息，并且第二个裁决涉及到要求利息的另外一个合同条款。

◎友好仲裁

***No*. 06 – 16. 835**

（2007 年，法国最高法庭）

本案所涉仲裁条款赋予仲裁员以友好仲裁人的身份作出决定。裁决作出之后，原告认为裁决非依适用的法律规则作出这一事实，并不必然意味着裁决是仲裁员以友好仲裁人身份依公平原则作出的，因为仲裁员可能错误的适用了法律规则。上诉法院驳回此观点。

法国最高法院支持了上诉法院的认定，认为即便没有明示，但是仲裁庭对双方当事人参考没有约束力的合同已经是依公平原则作出了裁决。

◎仲裁地

Braes of Doune Wind Farm (Scotland) Ltd. v. Alfred McAlpine Business Services

（2008 年，英国高等法院）

本案裁决作出之后，原告依据 1996 年《仲裁法》向英国法院就仲裁裁决的法律问题提起上诉。相反，被告对英国法院就该申请的管辖权提出异议。被告称 1996 年《仲裁法》并不适用于该案，因为它的范围限于仲裁地点位于英国、威尔士或北爱尔兰的案件。被告称，合同规定仲裁在苏格兰的格拉斯哥举行，仲裁地点并非位于英格兰、威尔士和北爱尔兰，因此 1996 年《仲裁法》并不适用。

法院驳回了这个观点，并认为依据 1996 年《仲裁法》第 69 条其对原告的申请有管辖权。当事人之间的合同有一个倾向于英国法院的“排他管辖权”条款并规定源于或与该合同有关的仲裁适用 1996 年《仲裁法》。因此，法院认定仲裁法律地点位于英国，尽管仲裁的位置在苏格兰。

1996 年《英国仲裁法》第 69 条

69.（对法律问题的上诉）

（1）除非当事人另有约定，仲裁程序的一方当事人（经通知其他当事人和仲裁庭）可就仲裁程序中所作的裁决的法律问题向法院上诉。

当事人约定仲裁庭作出不附具理由裁决的，应视为约定排除法院根据本条所具有的管辖权。

（2）根据本条，除非存在下述事由，当事人不得上诉：

（a）仲裁程序的所有其他当事人一致同意，或

（b）法院准许。

上诉权亦不得违背第 70 条第 2 款和第 3 款的限制。

（3）法院仅在认为符合下列条件时准许上诉：

（a）问题的决定将实质性地影响一方或多方当事人的权利，

（b）问题是仲裁庭被请求作出决定的，

（c）根据裁决书中认定的事实：

（i）仲裁庭对问题的决定有明显错误，或

（ii）问题具有普遍的公共重要性，仲裁庭对此作出的决定至少存在重大疑问，以及

（d）尽管当事人约定通过仲裁解决争议，但在任何情况下由法院对该问题进行判决是公正和适当的。

（4）根据本条向法院提出准许上诉的申请，应明确待决定的法律问题并应陈述应准许上诉的理由。

（5）除非法院认为有必要举行聆讯，其应在不开庭的情况下决定依本条提出的要求准许上诉的申请。

（6）针对本条项下法院给予或拒绝给予上诉准许决定的上诉应取得法院的允许。

（7）依本条提出的上诉中，法院可以裁定：

（a）确认裁决；

（b）修改裁决；

（c）将裁决全部或部分发回仲裁庭按照法院的决定重审，或

（d）全部或部分撤销裁决。

除非法院认为将争议事项发回仲裁庭重审是不合适的，其不应行使全部或部分撤销裁决的权力。

（8）为继续上诉之目的，法院对依本条所作上诉的决定，应视为法院所作的判决。

但未经法院准许，不得上诉，除非法院认为问题具有普遍重要性或有其他特殊原因应由上诉法院审理，此类准许也不应给予。

☞ 判决摘录

Jurisdiction

17. I have formed the view that this Court does have jurisdiction to entertain an application by either party to this contract under Section 69 of the Arbitration Act 1996. My reasons are as follows:

(a) One needs to consider what, in substance, the parties agreed was the law of the country which would juridically control the arbitration.

(b) I attach particular importance to Clause 1.4.1. The parties agreed that essentially the English (and Welsh) Courts have "exclusive jurisdiction" to settle disputes. Although this is "subject to" arbitration, it must and does mean something other than being mere verbiage. It is a jurisdiction over disputes and not simply a court in which a foreign award may be enforced. If it is in arbitration alone that disputes are to be settled and the English Courts have no residual involvement in that process, this part of Clause 1.4.1 is meaningless in practice. The use of the word "jurisdiction" suggests some form of control.

(c) The second part of Clause 1.4.1 has some real meaning if the parties were agreeing by it that, although the agreed disputes resolution process is arbitration, the parties agree that the English Court retains such jurisdiction to address those disputes as the law of England and Wales permits. The Arbitration Act 1996 permits and requires the Court to entertain applications under Section 69 for leave to appeal against awards which address disputes which have been referred to arbitration. By allowing such applications and then

addressing the relevant questions of law, the Court will settle such disputes; even if the application is refused, the Court will be applying its jurisdiction under the 1996 Act and providing resolution in relation to such disputes.

(d) This reading of Clause 1.4.1 is consistent with Clause 20.2.2 (c) which confirms that the arbitration agreement is subject to English law and that the "reference" is "deemed to be a reference to arbitration within the meaning of the Arbitration Act 1996". This latter expression is extremely odd unless the parties were agreeing that any reference to arbitration was to be treated as a reference to which the Arbitration Act 1996 was to apply. There is no definition in the Arbitration Act of a "reference to arbitration", which is not a statutory term of art. The parties presumably meant something in using the expression and the most obvious meaning is that the parties were agreeing that the Arbitration Act 1996 should apply to the reference without qualification.

(e) Looked at in this light, the parties' express agreement that the "seat" of arbitration was to be Glasgow, Scotland must relate to the place in which the parties agreed that the hearings should take place. However, by all the other references the parties were agreeing that the curial law or law which governed the arbitral proceedings was that of England and Wales. Although authorities establish that, prima facie and in the absence of agreement otherwise, the selection of a place or seat for an arbitration will determine what the curial law or "lex fori" or "lex arbitri" will be, I consider that, where in substance the parties agree that the laws of one country will govern and control a given arbitration, the place where the arbitration is to be heard will not dictate what the governing or controlling law will be.

(f) In the context of this particular case, the fact that, as both parties seemed to accept in front of me, the Scottish courts would have no real control or interest in the arbitral proceedings other than in a criminal context, suggests that they can not have intended that the arbitral proceedings were to be conducted as an effectively "delocalised" arbitration or in a "transnational firmament", to borrow Lord Justice Kerr's words in the *Naviera Amazonica* case.

(g) The CIMAR Rules are not inconsistent with my view. Their constant references to the 1996 Act suggest that the parties at least envisaged the possibility that the Courts of England and Wales might play some part in policing any arbitration. For instance, Rule 11.5 envisages something called "the court" becoming involved in securing compliance with a peremptory order of the arbitrator. That would have to be the English Court, in practice.

18. The Employer also relied upon an estoppel argument whereby in effect the Contractor is estopped from asserting that this Court does not have jurisdiction. Although I do not have to decide the point, I would have been against the Employer on this argument:

(a) It was predicated upon the fact (supported by witness statement evidence) that both parties orally accepted at the arbitration hearing that English law governed the dispute and did not assert that Scottish law governed the procedure.

(b) The fact that the parties' representatives did not assert that Scottish law governed the procedure does not give rise to any estoppel; it is very rare for silence to give rise to any form of estoppel and the circumstances when it does (for instance, a fiduciary relationship) do not apply here.

(c) Even if both parties' lawyers both parties did orally accept at the arbitration hearing that English law governed the dispute, that acceptance does not amount to some unequivocal or any material estoppel. The acceptance is as much, and in context more, applicable to an acceptance that the substantive law was English, rather than that the English Courts had jurisdiction to control the

◎实体法的影响

No. 26 *Sch* 3/06
（2007年，德国法兰克福高等地区法院）

争议合同中包含有仲裁条款，条款规定仲裁地点位于比利时并且比利时法律为实体法，并且仲裁适用ICC规则。在之前的协商中，当事人曾商量采用由被告提供的德文合同，其中的仲裁条款规定依据ICC规则进行仲裁，仲裁地点位于比利时且以德国法为实体法。这两个版本的最重要的不同之处在于英文版规定比利时法律为实体法而非德国法。原告认为，被告已向原告保证英文版是对德文版的准确翻译，因此引诱原告签字。被告称选择比利时法律已经被讨论了并且双方都同意。后双方发生争议，在仲裁庭组成之前，原告向法兰克福高等法院提起诉讼，请求法院就仲裁条款的效力依据《德国民事诉讼法典》第1032条作出裁定。

法院并未就合同或合同中的仲裁条款是受比利时法律的约束还是德国法的约束得出结论，认为依据任一法律都没有理由得出仲裁条款无效。法院认为，仲裁条款相对于包含它的合同是独立自治的。这个可分性原则作为原则已被德国法所采用。法院认为原告并没有证明选择比利时法律而非德国法律会有任何实质的影响。尽管实体法的选择可能对合同整体而言有所不利，原告并没有就它对仲裁条款的影响作任何证明。另外，原告没有就欺诈引诱与其决定签订合同之间的联系作任何证明。法院并不需要对合同是否是单独协商而成还是格式合同作出认定。最终法院驳回了原告的请求。

1998年《德国仲裁法》[①] 第1032条

第1032条　仲裁协议与诉讼

（1）就仲裁协议的标的向法院提起诉讼，如被告在对争议实体予以聆讯前提出异议，则法院应以不可受理为由驳回起诉，除非法院认定仲裁协议是绝对或相对无效或者不可执行的。

（2）在仲裁庭组成前，可以申请法院决定是否允许仲裁。

（3）即使第1款和第2款中所指诉讼或申请已经提起而未决，仲裁程序仍然可以开始或继续，直至作出仲裁裁决。

---

① 《德国民事诉讼法典》第十编“仲裁程序”：第1025－1066条，1998年1月1日生效。

◎法律适用错误和枉法裁决

株洲市金属材料有限责任公司与株洲市祥瑞置业发展有限公司合作协议纠纷案

（2009 年，中国湖南省株洲市中级人民法院）

申请人提出撤销的理由之一是仲裁裁决书明显适用法律错误：（1）裁决书以《担保法》中的定金条款来计算所谓的损失，既是适用法律错误，也是对《担保法》规定的定金条款的误解；（2）应当适用违约赔偿条款来计算损失，且违约损失应以实际造成的损失为依据。

经审查，因该主张实质属于实体法方面的事实认定和法律适用问题，故不符合《中华人民共和国仲裁法》第 58 条规定的 6 项情形，实体法方面的问题不属于法院撤销仲裁程序之审查范围。故申请人株洲市金属材料有限责任公司以适用法律错误、实体裁决不公为由请求撤销仲裁裁决，不符合法律规定，对其主张法院不予审查。

中国人民财产保险股份有限公司清丰支公司申请撤销仲裁裁决案

（2009 年，中国河南省濮阳市中级人民法院）

申请人清丰财产保险公司申请称，濮阳仲裁委员会关于认定《中国人民财产保险股份有限公司保险条款》中责任免除的条款由于没有告知应属无效条款的认定，是不正确的。清丰财产保险公司是否承担责任并不是清丰财产保险公司是否进行告知、免责条款是否有效的问题，而是本次事故是否属于保险责任问题，这并不涉及免责条款。濮阳仲裁委员会的裁决书适用法律严重错误，枉法裁判，违背社会公共利益，应依法予以撤销。

法院认为，申请人清丰财产保险公司申请称濮阳仲裁委员会认定《中国人民财产保险股份有限公司保险条款》无效并裁决清丰财产保险公司应当承担保险责任的理由，属适用法律问题，不属于法定应当撤销仲裁裁决的事由。申请人清丰财产保险公司提出的枉法裁决的理由没有相应的证据证明，法院不予支持。对于申请人清丰财产保险公司认为该裁决违背了社会公共利益的主张，法院经审查认为，该裁决是濮阳仲裁委员会根据案件情况对双方的争议作出的个案处理，不涉及全体或大多数社会成员的共同利益，故申请人的这一主张亦不能成立。法院依法裁定驳回申请人撤销仲裁裁决的申请。

徐州华美房地产开发有限公司与周某申请撤销仲裁裁决案

（2009 年，中国江苏省徐州市中级人民法院）

申请人徐州华美房地产开发有限公司申请称：仲裁委员会裁决书故意曲解法律，属于枉法裁决，请求人民法院依法撤销。理由是：（1）裁决书认定申请人承担大部分逾期交房的违约责任，没有事实和法律依据；（2）对于事实上 2009 年 1 月 1 日以后的延期交房责任，应由被申请人自行承担。

法院认为，所谓枉法裁决，是指故意曲解、违背、破坏法律作出裁决的行为。枉法裁决的构成要素包括仲裁员在仲裁案件时存在枉法裁决的故意、有枉法裁决的行为，主、客观要件应同时具备，缺一不可。本案中，申请人徐州华美房地产开发有限公司既未提供证据证明仲裁员主观上存在枉法的故意，也未提供证据证明仲裁员客观上存在枉法的行为，而是仅仅从案件实体权利义务的角度说明申请人与仲裁庭在适用法律、权利义务确定、案件审理结果等方面存在不同认识或者不同意仲裁结果，这种不同的认识显然不能作为判定裁决书是枉法裁决的依据。对申请人关于撤销仲裁裁决的申请理由，法院不予采信。

专题八

公共政策和可仲裁性

中国

◎ 北京贝之瑞系统控制技术有限公司申请撤销仲裁裁决案（2007 年，中国北京市第二中级人民法院）

◎ 中国人民财产保险股份有限公司濮阳市分公司申请撤销仲裁裁决案（2009 年，中国河南省濮阳市中级人民法院）

◎ 濮阳联华大酒店有限公司与濮阳市人民政府招待所申请确认仲裁协议效力案（2009 年，中国河南省濮阳市中级人民法院）

◎ 株洲市某医院与丁某产品质量侵权纠纷案（2009 年，中国湖南省株洲市中级人民法院）

◎ GRD Minproc 有限公司申请承认并执行瑞典斯德哥尔摩商会仲裁院仲裁裁决案（2009 年，中国最高人民法院）

意大利

◎ *Bonetti Aircraft Supoprts s. r. l v. Time Electronics International Division, Avnet Inc.*（2006 年，意大利一审法院）

瑞士

◎ *No.* 4*A*_17/2007（2007 年，瑞士联邦最高法院）

◎ *No.* 4*A*_268/2007（2007 年，瑞士联邦最高法院）

英国

◎ *Kohn v. Wagschal*（2007 年，英国上诉法院）

乌克兰

◎ *Telenor Mobile Communications AS v. Storm LLC*（2007 年，乌克兰基辅市佩彻斯克地方法院）

◎中国

北京贝之瑞系统控制技术有限公司申请撤销仲裁裁决案

（2007年，中国北京市第二中级人民法院）

贝之瑞公司申请撤销的理由之一是：本案仲裁裁决违背社会公共利益。嘉里公司提供的电表用于宁夏国家电网改造工程，该批电表安装后发生了计量事故，供货方派员降低了软件版本，仍没有实现产品的原设计性能，且供货方不能提供权威部门对所供电表软件降级处理后的质量认定。但仲裁庭认定嘉里公司已经履行合同义务并实现合同目的，而供货方提供的电表软件存在设计缺陷和降级处理，将造成国家电网电能计量及售、用电双方等社会公共利益受到重大损害。

关于本案仲裁裁决是否违背社会公共利益，法院认为：仲裁庭认定嘉里公司已经履行了合同义务并实现合同目的，属于仲裁庭对嘉里公司与贝之瑞公司之间购销合同争议案的实体认定问题，不属于人民法院审查范围，且该认定不构成对法律原则、社会道德等重大利益的违背。同时，因贝之瑞公司未提供证据证明嘉里公司提供的产品发生了重大生产事故并造成社会公共利益受到重大损害，故贝之瑞公司提出的该项撤销理由不能成立，法院不予支持。

中国人民财产保险股份有限公司濮阳市分公司申请撤销仲裁裁决案

（2009年，中国河南省濮阳市中级人民法院）

申请人中国人民财产保险股份有限公司濮阳市分公司申请称，仲裁裁决使被申请人在未投保机动车交通事故强制责任险（以下简称交强险）的情况下获得交强险项下的赔偿，明显违背社会公共利益。同时，仲裁裁决无视法律规定，以申请人未尽到告知义务为由裁决申请人承担交强险部分的损失是对法律的错误适用，违反了法律的强制性规定。另外，《中国人民财产保险股份有限公司机动车第三者责任保险条款》第4条不是申请人的免除责任条款，裁决书忽视合同约定，曲解合同内容，损害了申请人的合法权益。

法院认为，濮阳仲裁委员会作出的裁决是仲裁委员会根据案件具体情况，对当事人双方作出的个案处理，不具有普遍性，不涉及全体或大多数社会成员的共同利益，故申请人以违背社会公共利益为由请求撤销裁决，法院不予支持。申请人所提出的其他两个申请理由，涉及法律适用问题，不属于撤销裁决的法定事由，法院亦不予支持。

濮阳联华大酒店有限公司与濮阳市人民政府招待所申请确认仲裁协议效力案

（2009 年，中国河南省濮阳市中级人民法院）

申请人濮阳联华大酒店有限公司（以下简称联华大酒店）与被申请人濮阳市人民政府招待所（以下简称政府招待所）申请确认仲裁协议效力一案，申请人联华大酒店称，2006 年 4 月 6 日，联华大酒店受让濮阳豪宾来食品有限公司（以下简称豪宾来饭店）与政府招待所租赁合同及补充合同中豪宾来饭店的一切权利和义务，成为承租人。在原租赁合同中，豪宾来饭店与市政府招待所曾约定，租赁方要执行劳动法，保障职工的合法权益，按时为职工交纳各项社会保障基金，每月工资不低于档案工资标准，职工档案工资按规定晋档晋级和国家调整工资后，按新的工资标准发放。租赁合同中约定的上述内容实质为劳动争议，而濮阳仲裁委员会不应受理劳动争议纠纷案件，双方纠纷应由劳动争议仲裁委员会仲裁。因而，在转让合同中约定的“协商不成时，提请濮阳仲裁委员会仲裁解决”的仲裁条款违反法律规定，应属无效条款。故联华大酒店申请依法确认 2006 年 4 月 6 日转让合同中的仲裁协议条款无效。

被申请人市政府招待所辩称，申请人联华大酒店申请确认仲裁协议条款无效的理由不成立。租赁合同中的职工安置金实质上就是租金，市政府招待所与联华大酒店之间系财产租赁关系，而非劳动关系；联华大酒店在仲裁庭首次开庭前没有对仲裁条款的效力提出异议，仲裁条款已被确认有效，联华大酒店不应再申请确认仲裁条款的效力。

法院经审理查明，2003 年 5 月 12 日，市政府招待所与豪宾来饭店签订租赁合同一份。该租赁合同主要约定：市政府招待所将其位于濮阳市任丘路 176 号的房屋及附属财产租赁给豪宾来饭店使用；租赁期自 2003 年 9 月 1 日至 2013 年 8 月 31 日；租金每年 13 万元；职工安置金每年 30 万元，豪宾来饭店每安排市政府招待所原来一名职工，从 30 万元中扣除 1.5 万元，职工在豪宾来饭店上班期间，豪宾来饭店要执行劳动法，保障职工的合法权益，并按时为职工交纳养老保险金、医疗保险金、住房公积金、工伤保险金、生育保险金，每月工资不低于档案工资标准，职工工资按规定升级后及时按新标准发放等。2004 年 1 月 18 日，市政府招待所与豪宾来饭店又签订补充合同一份。该补充合同主要约定：租赁期限在原合同基础上再延长5年至2018年8月31日；租赁延期期间每年租金标准由13万元提高至15万元；在租赁延期期间，职工安置金仍为每年30万元。在此期间，市政府招待所职工档案工资按规定晋档晋级和国家调整工资标准后，按新的工资标准发放。由于标准提高而增加的工资福利和各类保险费数额超过30万元部分，由豪宾来饭店在当年结算时另行支付。2006年4月6日，市政府招待所与豪宾来饭店、联华大酒店签订转让合同一份。该转让合同主要约定：自合同生效之日，联华大酒店享有市政府招待所与豪宾来饭店所订立的租赁合同中规定由豪宾来饭店享有的全部权利，并承担全部义务；除豪宾来饭店已按年度向市政府招待所支付租金和职工安置金外，联华大酒店应自2006年度开始履行向市政府招待所支付租金和职工安置金的义务，如遇上级工资政策和公积金、保险费缴纳政策调整，职工安置费用实际超过30万元时，超出部分由联华大酒店在当年结算时另行支付。联华大酒店应于2006年9月1日前支付2006年度的租金13万元和职工安置金30万元；本合同与2003年5月12日订立的租赁合同、2004年1月18日订立的补充合同为一整体，具有同等法律效力，执行中如发生争议，先行协商解决，解决不成的，提请濮阳仲裁委员会仲裁解决等。2006年4月11日，市政府招待所又与联华大酒店签订变更合同一份。该变更合同主要约定，变更后的租赁期限延长至2026年8月31日；租金自2018年9月1日至租期届满，每年租金标准为50万元；20名职工所需职工安置金，如遇上级工资政策和公积金、社会保险费缴纳政策调整，每年实际超过30万元时，超出部分由联华大酒店在当年结算时一并支付等内容。2006年11月21日，市政府招待所和联华大酒店又签订附加合同一份。该附加合同主要约定，联华大酒店在市政府招待所用地上，建设两层钢架结构建筑用于超市开发经营，在租赁期间建成房屋，期满后产权归出租方所有等等。转让合同生效后，联华大酒店向市政府招待所支付了2006年度的租金及30万元的职工安置金，但未支付20名职工2006年9月至2007年8月因国家、省对事业单位进行工资政策调整而超出的职工安置金部分共计253 975.23元。市政府招待所于2007年11月20日向濮阳市仲裁委员会提出仲裁申请。濮阳仲裁委员会于2008年5月14日作出（2007）濮仲经裁字第120号裁决书，裁决联华大酒店支付市政府招待所2006年9月至2007年8月因工资政策调整超出职工安置金部分的253 975.23元。现双方又因2007年9月至2008年8月职工安置金超出30万元部分发生争议，市政府招待所向濮阳仲裁委员会提出仲裁申请，联华大酒店于仲裁庭开庭前向法院申请确认仲裁条款无效，濮阳仲裁委员会中止了该仲裁案件的审理。

法院认为，豪宾来饭店、联华大酒店与市政府招待所签订的一系列租赁合同、转让合同、补充合同中有关职工安置金的约定是租赁合同的一部分，而不是用人单位与劳动者之间确立劳动关系而达成的劳动合同。现联华大酒店与政府招待所因职工安置金的支付问题发生纠纷，属于双方因履行租赁合同而发生的纠纷，并非联华大酒店与政府招待所职工之间的劳动争议，联华大酒店主张纠纷系劳动争议的理由不成立，联华大酒店与政府招待所之间的纠纷，依法应提请濮阳仲裁委员会仲裁解决。联华大酒店申请确认仲裁协议条款无效的请求，不符合《中华人民共和国仲裁法》第 17 条规定情形，不予支持。另因本案合同中约定的租金及职工安置金均是以年度为单位支付，政府招待所两次向濮阳仲裁委员会申请仲裁均为独立的案件，联华大酒店在第一次仲裁诉讼期间未就仲裁条款效力提异议，并不影响本次仲裁开庭前对仲裁条款效力提出异议。政府招待所辩称联华大酒店不能再申请确认仲裁条款效力的理由，亦不予支持。依照《中华人民共和国仲裁法》第 20 条之规定，裁定驳回申请人濮阳联华大酒店有限公司请求确认仲裁协议无效的申请。

株洲市某医院与丁某产品质量侵权纠纷案

（2009 年，中国湖南省株洲市中级人民法院）

申请人株洲市某医院因与被申请人丁某产品质量侵权纠纷一案，不服株洲仲裁委员会（2008）株仲裁字第 066 号裁决，向湖南省株洲市中级人民法院提出申请撤销该裁决。

经审理查明：被申请人丁某的父亲丁某某因病入住申请人株洲市某医院治疗，该院医生以改善生存质量为由，向被申请人推荐销售进口食管支架一个，经家属同意并履行了付款义务，该院出示广州市新泰行科技有限公司自购食管支架。2002 年 12 月 24 日，申请人为丁某某动手术植入该支架，2003 年 1 月 12 日被申请人丁某的父亲丁某某死亡，尔后双方发生纠纷。为了解决纠纷，2008 年 1 月 15 日申请人与被申请人签订了一份和解协议，该协议第 4 条约定：双方一致同意通过仲裁程序解决赔偿事宜，由株洲仲裁委员会按照《株洲仲裁委员会仲裁规则》裁决处理。第 8 条约定：仲裁裁决后双方严格按照仲裁裁决履行，不申诉、不申请撤销仲裁裁决，服从一裁终局制；乙方（丁某）不得再以任何理由要求甲方给予仲裁裁决确定金额以外的赔偿；不得作出有损对方的言行，否则按已书款项向对方承担违约责任。

丁某根据与株洲市某医院于 2008 年元月 15 日签订的和解书面协议中的第 4

条关于仲裁的约定，向株洲仲裁委员会申请仲裁。2008 年 6 月 14 日株洲市某医院书面提交了四项仲裁反请求申请。仲裁庭认为：该案受案的依据是申请人与被申请人达成的和解协议中所签订的仲裁条款，双方选择仲裁方式解决争议，已排除了诉讼管辖。将该案移送法院审理于法无据。该案是产品质量侵权纠纷，不是医疗纠纷，被申请人株洲某医院未提供合法有效的合格产品证明，且无法证实手术植入器械为合法、合格产品，具有过错，按照过错责任对申请人损失承担赔偿责任，无需进行医疗事故鉴定。株洲仲裁委员会对该医院的四项请求予以驳回。

裁决后，被申请人株洲市某医院不服，向湖南省株洲市中级人民法院申请撤销株洲仲裁委员会（2008）株仲裁字第 066 号裁决书，其理由是：（1）株洲仲裁委员会无权仲裁产品质量侵权纠纷案。（2）株洲仲裁委员会从未告知申请人本案到底是适用医疗损害赔偿纠纷还是产品质量纠纷。（3）本案应当适用医疗事故损害赔偿纠纷来处理。（4）株洲仲裁委员会剥夺申请人鉴定的权利，严重损害仲裁的公正性。

对此丁某辩称：（1）我方与株洲市某医院签订的书面和解协议明确规定，双方一致同意通过仲裁的程序解决赔偿事宜，故株洲仲裁委依法受理本案，符合法律规定，有权依法裁决。（2）株洲仲裁委员会依法确定了本案案由，并告知株洲市某医院本案是按产品质量侵权纠纷处理。（3）本案适用《产品质量法》，不能再按医疗事故损害赔偿纠纷处理。株洲市某医院的损害行为因使用了非法食管支架而触犯了《产品质量法》、《消费者权益保护法》、《医疗事故处理条例》的相关规定，属法的竞合，在和解书面协议中也明确表示过。《产品质量法》是上位法，我方有权选择该法救济。因此，本案不能按医疗事故损害赔偿纠纷处理，本案适用法律正确，不容置疑。（4）鉴定不是仲裁的法定必经程序，是否需要鉴定，应由仲裁庭决定，鉴定结论能否采信，属仲裁审理权，不属人民法院审判监督仲裁范畴。

湖南省株洲市中级人民法院认为：本案系申请撤销仲裁裁决案件。根据《中华人民共和国仲裁法》的规定，凡经仲裁委员会仲裁的案件，只有具备《中华人民共和国仲裁法》第 58 条规定的情形之一的，人民法院经申请人的申请应予以裁定撤销仲裁裁决。本案经过开庭审理，从庭审查明的情况看，双方发生纠纷后达成了书面和解协议，其中协议第 4 条、第 8 条就仲裁达成了一致意见，《株洲仲裁委员会仲裁规则》第 3 条规定了受案范围，其中第 3 条明确了交通事故人身损害赔偿纠纷和其他财产纠纷均属受案范围，且对不属受理的范围进行了排除，故本案无论是产品质量纠纷还是人身损害赔偿纠纷均属仲裁委受案范围。申请人以本案不属仲裁委受案范围申请撤销的理由不能成立，法院不予支持。本案是按医疗故事故赔偿纠纷处理还是按产品质量纠纷处理，系仲裁委的实体处理部分，法院不予审查。申请人以该案应按医疗事故赔偿纠纷处理，而株洲仲裁委员会从未告知申请人本案到底是适用医疗损害赔偿纠纷还是产品质量纠纷为理由申请撤销仲裁裁决的主张，不符合《仲裁法》第58条的规定，不予支持。由于双方达成了仲裁协议，仲裁委员会是按产品质量侵权纠纷进行裁决的，申请人没有提供产品质量是否合格的证明，且申请鉴定的产品已灭失而无法进行鉴定，仲裁委答复申请人不予鉴定并无不当，申请人认为株洲仲裁委员会剥夺了申请人鉴定权利的理由不能成立，对其主张法院不予支持。综上，株洲仲裁委员会（2008）株仲裁字第066号裁决并不具有法律规定的应撤销的情形。据此，裁定驳回申请人株洲市某医院申请撤销株洲仲裁委员会（2008）株仲裁字第066号裁决的申请。

GRD Minproc 有限公司申请承认并执行瑞典斯德哥尔摩商会仲裁院仲裁裁决案

（2009年，中国最高人民法院）

1994年7月24日，上海对外贸易公司（以下简称外贸公司）作为买方、沃曼国际有限公司（以下简称沃曼公司）作为卖方、飞轮公司作为最终用户，三方共同签订了一份编号为“94YN150－MS7109AU”的合同，约定沃曼公司同意提供、外贸公司同意购买用于电池回收设备的装置和材料，飞轮公司系该设备的最终用户，设备总价约677万澳元。合同还约定了支付条款、交付条款、包装和标识、标准和检验、安装调试、违约、不可抗力、仲裁、合同效力等条款。其中第十一章“仲裁”约定：现有合同的履行过程中或与现有合同相关而产生的所有争议，应通过双方友好协商解决，若协商不能达成一致，争议应提交仲裁予以解决。仲裁应在瑞典斯德哥尔摩进行，由位于瑞典的斯德哥尔摩商会仲裁院根据其规则进行仲裁。仲裁裁决应为终局性的，且对双方均有约束力。仲裁费用应由败诉方承担。另外，合同附件约定了工艺设备和工厂的总体描述、设计、技术文件的划分、技术服务、性能保证等内容。

1995年4月30日，GRD公司、外贸公司及飞轮公司共同签订一份《对94YN150－MS7109AU合同的修订》，同意将合同卖方沃曼公司变更为GRD公司。

1997年7月至12月间，上述合同项下设备陆续通过外贸公司从澳大利亚进口至上海，由飞轮公司收货。1999年上半年，该设备由GRD公司在飞轮公司车间内进行了调试。

其间，1999 年 6 月 4 日，上海测试中心对飞轮公司的提炼车间铅粉尘进行浓度检测，并出具“（99）浦检字第 990527 号”《检验证书》。测试在提炼车间内取 4 个测点采样，测得的每立方米铅粉尘浓度分别为 0.772 毫克、0.232 毫克、1.045 毫克和 0.572 毫克，均超出行业标准（标准应≦0.05 毫克/立方米）。

1999 年 6 月 17 日，上海进出口商品检验局出具“3101/4920”号《检验证书》，对飞轮公司进口的上述设备规格和品质进行了检验。发现以下问题：（1）规格：合同附件 F10 中，快速金属分析仪的型号为 ARL3460 型，实际到货的型号为 ARL2460。（2）品质：上述设备在调试过程中，发现其布袋的进口温度过高，无法保证说明书中所规定的温度必须低于 130℃。为此，制造商委派的调试工程师采取了两项降温措施：……以上措施虽然达到了降温目的，但根据风管的特性，罩口的抽风量大大减少，导致车间内的铅粉尘浓度严重超过合同附件 H.5 规定不超过 0.03 毫克/立方米的要求，经测定车间内铅粉尘的平均浓度为 0.655 毫克/立方米。此外，由于新设风口进人的空气是未经干燥处理的潮湿空气，故将引起布袋受潮堵塞，致使布袋除尘器失效。

为此，在上述设备的调试、使用过程中，飞轮公司与 GRD 公司就设备的效能产生争议。2003 年 1 月 31 日，飞轮公司向斯德哥尔摩商会仲裁院（以下简称仲裁院）提交仲裁，请求解除合同，并由 GRD 公司返还全部已付货款和赔偿损失。仲裁院依据 94YN150 - MS7109AU 合同中的仲裁条款受理该案。同年 4 月 22 日，GRD 公司向仲裁院提出管辖异议。同年 6 月 25 日，仲裁院作出决定，不能明确认定仲裁院不具有对该争议的管辖权。2004 年 3 月 26 日，仲裁院将该争议提交仲裁庭，仲裁庭于 2005 年 3 月 11 日就管辖权作出决定，确定仲裁庭有管辖权审理该争议。此后，仲裁庭就当事人的举证作出了一系列的指示，双方当事人均提交了相关的文件，仲裁庭亦对现场检查作出指示，且双方进行了现场检查。在进行审前会议并发布审前指示后，仲裁庭于 2006 年 6 月 26 日至 7 月 4 日间，在斯德哥尔摩进行了为期 9 天的最终庭审，并于同年 11 月 20 日作出最终裁决。

最终庭审中，飞轮公司陈述的案情是：设备未交付，被申请人根本性违约因为：（1）工艺设计标准构成合同不可分割的一部分；（2）设备未能生产合同规定数量的铅（设计标准为每年生产 16 650 吨）；（3）GRD 公司提供的设备不仅无法达到 16 650 吨的水平，且根本未生产出任何铅；（4）因下述主要原因，设备不符合更特定的工艺设计标准：熔炉温度不恰当、熔炉尺寸不足、通风管道的设计瑕疵导致熔炉排出过多废气导致袋滤室报警、加力燃烧室的设计不适合运行。

GRD 公司在仲裁中述称，合同的修订本很大程度上免除了 GRD 公司的设备义务。这使得“合同设备的主要装置的良好及稳定运行”的义务有赖于双方现有的、相互依存的义务。每年生产 25 000 吨是合同附件 A 中的意向说明，而不是一项性能或产品保证。此外，通过修订，使合同附件 H 中的性能保证以电池断路器及脱硫系统的有效运转为条件，在修订本中，上述两者均已从 GRD 公司的义务中删除。GRD 公司进一步述称，设备在若干情形下的确实际生产了铅。

仲裁庭认为：（1）未发现工艺设计标准构成对 GRD 公司有法律约束力的任何义务，这仅仅是对构成设备设计基础的工艺标准的陈述。（2）最初合同附件 H 规定的生产能力及回收的生产性能保证为合同事项，但因合同修改，生产性能保证从附件 H 中删除。飞轮公司认为生产数据为“性能保证”没有证据支持，这仅是基于若干假定的估计。（3）飞轮公司的主要论点“根本未生产任何铅”无证据支持，相反，有令人信服的证据证明，在若干情况下实际生产出了铅。（4）通风管道的设计和工程是飞轮公司的责任，对于通风管道的任何指称不能构成 GRD 公司根本性违约的法律依据。

最后仲裁庭裁定，没有证据证明 GRD 公司供应的设备不能够运行，以及不能够达到设想的水平，因此驳回飞轮公司就实质性事项提出的请求，同时裁定应由飞轮公司赔偿 GRD 公司的仲裁支出费用 168 万澳元

申请人 GRD 公司向上海一中院申请承认并执行瑞典斯德哥尔摩商会仲裁院于 2006 年 11 月 20 日作出的第 024/2003 号仲裁裁决，即裁决裁定的被申请人飞轮公司应赔偿其仲裁支出费用 168 万澳元（折合人民币 10 735 200 元）。

被申请人飞轮公司答辩称，上述仲裁裁决应不予承认，主要理由如下：（1）仲裁协议无效，即飞轮公司在合同签订时没有外贸经营权，不具有签署外贸合同的主体资格，故合同及其中的仲裁条款无效。（2）仲裁裁决与我国公共秩序相抵触，即系争设备在投产运行时产生的铅尘浓度超标，污染环境及损害工人健康。（3）仲裁庭审过程中，对方收买其证人，窃取其证据，该方式违反我国公共秩序。（4）GRD 公司在仲裁期间从未就仲裁费用提起过反请求，故仲裁裁决所处理之争议非为交付仲裁之标的。（5）仲裁庭曾指示要安排现场检查，但实际没有进行，致使飞轮公司就设备对工人健康及自然环境所造成的严重损害未进行充分陈述。（6）裁决书只字未提裁决的理由，也没有证实未签名的仲裁员参与了对争议的决定。

GRD 公司认为：（1）原合同列明了三方当事人的各自地位，三方均对合同予以了实际履行，飞轮公司还依合同提出了仲裁，故飞轮公司提出其无权签约毫无依据。（2）关于铅尘污染问题，飞轮公司所举证据没有证明生产线铅尘排放

指数超标是由于GRD公司的原因引起的，相反根据仲裁庭在裁决书中的认定，恰恰是飞轮公司应当对排污超标承担责任，飞轮公司应当对此加以解决使之达到国家标准的要求。此外，《纽约公约》所指的是承认和执行仲裁裁决导致有违该国国家公共政策，本案仲裁裁决执行的是仲裁费和律师费的给付，这恰恰是中国仲裁制度的一项基本原则，承认和执行这样的仲裁裁决，根本不违反中国的公共政策。(3) 关于窃取证据，这是飞轮公司的推断和假设，飞轮公司未指出GRD公司有什么具体的窃取行为，也没有举出任何证据。(4) GRD公司在仲裁过程中已向仲裁庭正式提出关于仲裁费用的反请求，仲裁庭有权对仲裁费用作出裁定。(5) 仲裁庭于2005年8月11日向双方当事人发出了《现场检查指令》，裁决书亦裁明"仲裁庭亦对现场检查作出指示，且双方进行了检查"，可见飞轮公司所述没有进行现场检查的理由不能成立。(6) 裁决书第五部分专章论述了裁决意见的依据和理由，而GRD公司起诉时提交的裁决书上记载了三名仲裁员的签名字样，故根本不存在飞轮公司所称的情况。

在上海一中院审理期间，飞轮公司委托上海市预防医学研究院（以下简称研究院）对其冶炼车间铅烟浓度进行检验，研究院于2007年8月13日出具"沪预研委劳（2007）检字第0127号"《检验报告》，检测结果：三个采样地点的时间加权平均浓度分别为$0.44mg/m^3$、$1.04mg/m^3$、$0.69mg/m^3$，短时间接触最高浓度分别为$1.2mg/m^3$、$1.4mg/m^3$、$1.8mg/m^3$。我国国家职业卫生标准《工作场所有害因素职业接触限值》（GBZ2－2002）规定：时间加权平均容许浓度为$0.03mg/m^3$，短时间接触容许浓度为$0.09mg/m^3$。

GRD公司认为，上述检验报告是于2007年8月13日作出的，不影响在此之前已经生效的仲裁裁决，不应作为本次审理承认和执行仲裁裁决案件的证据。

上海一中院就检验报告内涉及的检测数据、国家标准、设备使用等情况向研究院书面咨询，研究院回复，其接受飞轮公司委托，到现场进行样品采集，并开展实验室检测，经三级审核，出具了上述检验报告。根据检测情况，三个采样地点的时间加权平均浓度分别超标13.7倍、33.7倍及22倍，而短时间接触最高浓度分别超标12.3倍、14.6倍及19倍。在现场采样时，设备能够运行，但在这种状况下，可能会对操作人员的身体健康产生危害。经查核，该研究院持有我国卫生部颁发的《职业卫生技术服务机构资质证书》，是卫生部认可的甲级建设项目职业病危害评价（职业卫生）机构，业务范围为建设项目职业病危害评价、职业病危害因素检测与评价。

上海一中院认为：该仲裁结果意味着GRD公司已交付了符合合同约定的设备，且该设备可以正常运行使用。现根据飞轮公司提供的三份检测报告均反映，系争设备在运行时会产生大量铅粉尘，且操作车间内铅尘的浓度严重超标。我国卫生部于1979年11月1日制订实施了《工业企业设计卫生标准TJ36－79》，其中第三章第32条规定，铅尘属有毒物质，车间空气中铅尘的最高容许浓度为0.05毫克/立方米。后上述卫生标准于2002年6月1日被卫生部修订为《中华人民共和国国家职业卫生标准GBZ2－2002》。其中《工作场所有害因素职业接触限值》第4.1条对铅尘作了相同规定，即铅尘属有毒物质，工作场所空气中铅尘最高容许浓度为0.05毫克/立方米。根据前后三次检测结果，系争设备产生的铅尘浓度严重超标。

根据《中华人民共和国劳动法》第3条第1款规定，劳动者享有获得劳动安全卫生保护的权利。第52条规定，用人单位必须建立、健全劳动安全卫生制度，严格执行国家劳动安全卫生规程和标准，对劳动者进行劳动安全卫生教育，防止劳动过程中的事故，减少职业危害。第54条规定，用人单位必须为劳动者提供符合国家规定的劳动安全卫生条件和必要的劳动防护用品。据此，承认并执行仲裁院的仲裁裁决，意味着系争设备可以正常运行及使用，但由于该设备运行使用时产生的铅尘浓度严重超过我国卫生部制订的标准，飞轮公司将无法按照劳动法的规定执行我国劳动安全卫生标准，亦无法向操作工人提供有效的防护措施，其结果势必会危害操作工人的身心健康，损害劳动者获得劳动安全卫生保护的权利。如果飞轮公司选择不使用系争设备，虽可以避免违反我国劳动安全的法律规定，但巨额货款已经支付，飞轮公司购买了设备却不能使用，其权利义务将严重失衡，不符合《中华人民共和国民法通则》第4条规定的公平原则。据此，承认并执行仲裁院的仲裁裁决，违反我国法律的基本原则，与我国的社会公共利益相抵触，符合《承认及执行外国仲裁裁决公约》第5条第2款第（2）项的规定，故瑞典斯德哥尔摩商会仲裁院的第024/2003号仲裁裁决应不予承认及执行。

上海市高级人民法院审委会讨论认为，本案系争的瑞典斯德哥尔摩商会仲裁院第024/2003号仲裁裁决究竟是否应该被申请承认和执行，应该根据民事诉讼法第269条有关规定，以及我国已经加入的联合国《承认及执行外国仲裁裁决公约》（即1958年《纽约公约》）第5条第2款第（2）项中有关不予承认及执行外国仲裁裁决规定的条件，来进行审查判定。本案中，虽然申请人申请执行的仅仅是仲裁裁决中有关仲裁支出费用的裁定内容，但是该仲裁支出费用的裁定恰恰是对于仲裁实体性争议及其最终胜负的反映。经过对于该仲裁裁决过程的初步审查，以及对于整个案件背景的详细了解，我院认为当事人双方的争议起源于买卖的特殊生产设备不能达到行业安全生产标准，从而对于被申请人厂区环境和职工身体造成严重污染和伤害，进而有损公共利益而被长期关闭和停止使用，由此导致被申请人合同目的的实质落空和经济利益的重大损失。而对此非常重要的情节，仲裁院竟然未能给予应有的注意，而仅仅是简单按照合同形式条款来判定卖方提供的设备没有构成违约，显然这一作法有悖于公平正义的仲裁精神，并且客观上造成不利于我国社会公共利益的后果。而所有这些，又恰恰与《纽约公约》第5条第2款第（2）项中规定的条件相符，因此对于该仲裁裁决应当不予承认和执行。

收到上海市高级人民法院（2008）沪高民四（商）他字第2号《关于GRD Minproc有限公司申请承认并执行瑞典斯德哥尔摩商会仲裁院仲裁裁决一案的请示》后，最高人民法院作出如下批复：

最高人民法院
关于GRD Minproc有限公司申请承认并执行
瑞典斯德哥尔摩商会仲裁院仲裁裁决一案的
请示的复函

2009年3月13日　　〔2008〕民四他字第48号

上海市高级人民法院：

你院［2008］沪高民四（商）他字第2号《关于GRD Minproc有限公司申请承认并执行瑞典斯德哥尔摩商会仲裁院仲裁裁决一案的请示》收悉。经研究，答复如下：

本案系当事人向我国法院申请承认和执行外国仲裁机构作出的仲裁裁决案件，另一方当事人提出了不予执行的抗辩。因此，人民法院应当根据《中华人民共和国民事诉讼法》第267条以及《承认及执行外国仲裁裁决公约》（以下简称《纽约公约》）的相关规定进行审查。

关于本案所涉仲裁裁决的承认和执行是否将违反我国公共政策的问题飞轮公司从境外购买的设备经过有关主管部门审批同意，并非我国禁止进口的设备。该设备在安装、调试、运转的过程中造成环境污染，其原因可能是多方面的。在飞轮公司根据合同中有效的仲裁条款就设备质量问题提请仲裁的情况下，仲裁庭对设备质量作出了评判，这是仲裁庭的权力，也是当事人通过仲裁解决纠纷所应当承受的结果。不能以仲裁实体结果是否公平合理作为认定承认和执行仲裁裁决是否违反我国公共政策的标准。承认和执行本案所涉仲裁裁决并不构成对我国社会根本利益、法律基本原则或者善良风俗的违反，因此本案不存在《纽约公约》第5条第2款第2项规定的情形。

本案所涉仲裁裁决也不存在《纽约公约》第5条规定的其他情形。因此，人民法院应当裁定承认和执行本案所涉仲裁裁决。

此复

◎意大利

Bonetti Aircraft Supoprts s. r. l v. Time Electronics International Division, Avnet Inc.

（2006 年，意大利一审法院）

双方当事人之间签订有代理合同，合同包含仲裁条款。依据合同，原告 Bonetti 是被告 Time Electronics 的代理人，在意大利销售被告的产品。2004 年被告撤销了合同，双方产生争议。在热那亚一审法院，被告就法院的管辖权提出了异议，认为案件应提交给仲裁或 Phoeni 的法院。热那亚法院驳回了这个异议。法院认为，依据《意大利国际私法》第 4 条，双发当事人仅可以将其可以处理的权利通过书面协议约定提交给仲裁。虽然书面形式是被满足了，但在终止代理合同的情形下，赔偿不能由当事人处理（依据《意大利民法典》第 1751 条）。因此法院认为仲裁条款是无效的，法院有处理该案的管辖权。

◎瑞士

No. 4A_17/2007

（2007 年，瑞士联邦最高法院）

本案涉及一起体育仲裁案件。裁决作出之后，原告向瑞士联邦最高法院针对体育仲裁院作出的裁决提起异议并称依据 PILA 第 190 条第 2 段裁决违反了公共秩序。原告称，体育仲裁院作出 12 个月禁赛的裁决，是比一审仲裁庭作出的禁赛 6 个月更为严厉的惩罚，仲裁另一方当事人并未就此提出异议，因此违反了上诉不加刑原则和公共秩序。

瑞士联邦最高法院认为上诉不加刑原则是否为公共秩序原则的一部分这个问题尚未解决，而且在本案中没有必要解答这个问题。仲裁另一方当事人针对裁决提出异议的权利限于向一个独立的中立的仲裁庭提出异议。而一审中的葡萄牙足球协会司法委员会不是这样一个仲裁庭，因为它只是足球协会的内部机构。联邦最高法院认为仲裁另一方当事人没有对一审仲裁庭的裁决提起上诉的可能性。因此，法院驳回了原告提出的因为对上诉不加刑原则违反而造成对公共秩序的违反这一意见。

No. 4*A*_268/2007

（2007 年，瑞士联邦最高法院）

原告与被告离婚之后达成了这样的协议，即原告同意在 2006 年 12 月 31 日后向被告支付 1 千万比利时法郎，要求孩子每隔一周的周三至周一和他们假期的一半都与原告待在一起。协议规定适用瑞士法，如有争议，在日内瓦进行由独任仲裁员进行仲裁。后被告提起仲裁，要求原告支付 1 千万比利时法郎。原告拒绝支付，称他的儿子没有依据协议来看望他。独任仲裁员认为原告看望权利的限制不是由于被告的原因而是他的儿子不愿意，故命令原告向被告支付 1 千万比利时法郎。

原告对此向瑞士联邦最高法院提出异议，认为裁决违反了协议必须遵守的原则和《国际私法》第 190 条第 2 段的公共政策原则。法院认为协议必须遵守的原则仅能对国际仲裁裁决提出异议时才能适用。瑞士联邦最高法院并没有审查仲裁员是否正确地解释了合同条款。法院拒绝重新审理仲裁员的解释且驳回了异议。

◎英国

Kohn v. Wagschal

（2007 年，英国上诉法院）

Wagschal 姐妹和她们的弟弟 Kohn 就财产分配产生争议而进行仲裁，父亲在去世前没有留下遗嘱。在他们父亲死后，Wagschal 姐妹发现父亲将一部分股份转让到她们名下。因此 Wagschal 姐妹和 Kohn 就这是否是父亲的真实意愿产生争议。裁决认定，基于犹太法律，姐妹没有证明她们的父亲曾有将股份转让给她们的意图，并且股份转让的目的是通过制造文件的方法让财政部门相信这些股份不是他们父亲死时的财产来逃税。裁决允许 Kohn 向英国法院申请执行裁决。Wagschal 姐妹提起上诉称仲裁员认定了违法的行为，故英国法院不能执行裁决。

英国法院驳回了上诉。仲裁员依据犹太法律，认定没有证据表明股份转让给Wagschal姐妹，并裁决将这些股份归还到父亲的遗产。没有公共政策表明不能执行这个裁决。

☞ 判决摘录

14. The judge refused permission to appeal but Richards LJ granted permission in relation to one point. He said this: -

"*I find the illegality issue more problematic than the judge considered it to be. Although this case is not directly analogous to the situation under consideration in Soleimany (enforcement of an award based on an illegal contract), it is nonetheless arguable that enforcement of the award would be contrary to public policy, on the basis that the case successfully advanced by the claimant in the arbitration relied on matters amounting to a conspiracy to defraud in order to displace the apparent effect of the share transfers.*"

15. Thus it is that the issue raised on this appeal is whether the finding of the Beth Din that the object of the deceased was to evade tax by the production of documents to be used to deceive the Revenue is a finding of illegality such that the English court should not enforce the award.

16. As Richards LJ pointed out the case is different from *Soleimany v Soleimany* [1999] QB 785. In *Soleimany* the contract which was sought to be enforced was a contract the performance of which involved infringing the criminal law of Iran. Thus the English court was being asked to use its executive powers to enforce an illegal agreement. In this case, what the Beth Din have ultimately ordered involves the shares being returned to the estate of the deceased and involves preventing the illegality, which the deceased is said to have intended in evading tax. *Prima facie* thus, the English court is not being asked to use its executive powers to order the doing of an illegal act such as the performance of an illegal contract

17. Mr Clive Freedman QC, however, argues that the English court should not ignore what would have been the position if the case brought by the son had been fought in the English court. He submits that, by reference to a long line of cases such as *Gascoigne v Gascoigne* [1918] 1 KB 223, the son would have been unable to answer the sisters' case that the documents showed a transfer to them by reference to a plan to deceive the Revenue. I should say straight away, as it seems to me, if the matter had

been one of English law, that contention of Mr Clive Freedman's would have been well founded subject to one point. The one point relates to the question whether the English court would have taken the view that the son was now repenting of his father's and his illegal motives and seeking to put that right by bringing the shares back to where they belonged [see for example *Tribe v Tribe* [1996] Ch 107 particularly the passages in the judgment of Millett LJ at 134 – 135]. I do not find it necessary to decide whether the English court might have taken that view. I say that because the very issue which these parties desired to be arbitrated was the issue whether the father's execution of the documents involved a gift of the shares to the daughters. The very issue before the Beth Din was whether the fact that the son said that these documents were executed for the purpose of deceiving the Revenue affected the question, under Jewish law, whether there was a gift of these shares.

18. What the Beth Din have decided is that as a matter of Jewish law there was no evidence of a gift to the sisters. In the result their award takes the shares back into the estate of the deceased. It seems to me that there is no public policy which requires this court not to enforce that award. An English court has at times found difficulty with what should be the result of a case in which illegality of this nature is raised. Should the person relying on the illegality be entitled to have a windfall or is the situation such that the court can both prevent that windfall without seeming to condone illegal conduct?

19. In my view therefore on the illegality issue, the respondent is entitled to succeed as he did before Morison J.

◎乌克兰

Telenor Mobile Communications AS v. Storm LLC
（2007 年，乌克兰基辅市佩彻斯克地方法院）

原告和被告为争夺乌克兰手机公司 Kyivstar 的控制权发生争议。原告和被告签署的股东协议中的仲裁条款规定双方的争议由三人组成的仲裁庭适用 UNCITRAL 仲裁规则解决，仲裁地点在纽约。2006 年 2 月，原告在纽约提起了仲裁。2007 年 8 月，仲裁庭作出了终局裁决。裁决指出了被告违反了股东协议的许多地方。仲裁庭发现被告通过以下方式违反了股东协议：被告拒绝任命

Kyivstar 董事会的候选人并且不出席董事会和股东会；拥有或控制在乌克兰对手移动通讯公司的超过 5% 的股份；没有通过仲裁解决任何争议。仲裁庭命令被告为 Kyivstar 董事会任命四名候选人并保证获选人员能参加公司以后所有的会议。仲裁庭还命令以后 Kyivstar 所有的股东会都要参加并命令被告修改 Kyivstar 的章程以符合乌克兰法律。仲裁庭也作出其他一些命令。裁决执行程序中，被告称依据乌克兰的法律，裁决在乌克兰无法得到承认和执行。

2007 年 10 月 5 日，地区法院裁定执行仲裁裁决会违背乌克兰的公共政策。法院认定裁决阻止了被告向法院提起诉讼，并且认定裁决直接与法院就同一争议所作的判决相矛盾，违背了财产不受侵犯的原则以及损害了被告在 Kyivstar 的股份等。

专题九

撤销和承认与执行程序

隐瞒或仿造证据

◎ 天津市西青区可信商贸有限公司申请撤销仲裁裁决案（2007年，中国北京市第二中级人民法院）

◎ 云南林产工业有限责任公司与云南建工安装股份有限公司等纠纷案（2009年，中国云南省昆明市中级人民法院）

◎ 蔺某与云南兴林汽车贸易有限公司纠纷案（2009年，中国云南省昆明市中级人民法院）

实体审查

◎ *Alonso v. Luis Angel*（2007年，西班牙马德里上诉法院）

◎ 醴陵市大力轻钢实业有限公司、王某与汪某股权转让及债权转让合同纠纷案（2009年，中国湖南省株洲市中级人民法院）

撤销裁决的理由有限

◎ *Africa Industrial Services v. Polytra*（2005年，比利时最高法院）

◎ 裴某与洛阳市畅元置业有限公司申请撤销仲裁裁决案（2009年，中国河南省洛阳市中级人民法院）

◎ *Xerox Canada Ltd. & Xerox Corporation v. MPI Technologies Inc. & MPI Tech. S. A*（2006年，加拿大安大略高等法院）

约定法院程序

◎ *No. III ZB* 7/06（2007年，德国联邦法院）

相关裁判文书的效力

◎ *No.* 20 *Sch* 13/04（2006年，德国柏林高等地区法院）

◎ *Hemofarm DD*, *MAG* 国际贸易公司等申请承认和执行国际商会仲裁裁决案（2008年，中国最高人民法院）

已撤销或替代裁决的执行

◎ *Société PT Putrabali Adyamulia v. Société Rena Holding*（2007 年，法国上诉法院）

重新审查

◎ *C. G. J. de Bruin v. AM Wonen B. V. & Amstelland Ontwikkeling*（2007 年，荷兰最高法院）

部分撤销

◎ 泰州市华通公路工程有限公司阿深高速新县段第五合同段项目部、泰州市华通公路工程有限公司申请撤销仲裁裁决案（2009 年，中国河南省信阳市中级人民法院）

◎ 平顶山市移民安置办公室与平顶山市天宇建筑安装装饰工程有限公司申请撤销仲裁裁决案（2009 年，中国河南省平顶山市中级人民法院）

重新仲裁

◎ 俞某申请撤销仲裁裁决案（2007 年，中国最高人民法院）

◎ 云南伦华房地产开发经营有限公司与李某纠纷案（2009 年，中国云南省昆明市中级人民法院）

◎ 河南省第五建筑安装工程（集团）有限公司与佛山市石湾环球陶瓷有限公司申请撤销仲裁裁决案（2009 年，中国河南省郑州市中级人民法院）

第三人提出异议

◎ *No. 8Ob159/06z*（2006 年，奥地利最高法院）

◎ 颜某执行异议案（2009 年，中国湖南省株洲市中级人民法院）

◎隐瞒或仿造证据

天津市西青区可信商贸有限公司申请撤销仲裁裁决案

（2007 年，中国北京市第二中级人民法院）

申请人可信商贸公司认为，天津雀巢天然矿泉水有限公司（以下简称雀巢公司）隐瞒了对自己不利，又不为可信商贸公司所掌握的足以影响公正裁决的证据。

法院认为：雀巢公司在前次仲裁期间，向仲裁庭出具了雀巢公司与可信商贸公司之间业务往来的财务记录及相关运输单据作为证明其主张的证据，雀巢公司提供的财务记录中对双方之间往来的款项和供货情况进行了记载，可信商贸公司对雀巢公司提供的该证据的真实性予以确认，故该证据足以证明双方之间业务往来的情况。在此次仲裁中可信商贸公司又以其未收到前次仲裁中雀巢公司提供的财务记录中所记载的 1 459 593.08 元货物为由，要求雀巢公司返还货款，但可信商贸公司并未提供相关原始证据推翻雀巢公司的财务记录；可信商贸公司出具的借水单和借条，均为其单方制作，且其提供的转账支票的数额与雀巢公司账目记载的扣除货款的数额不同，不能证明是同一笔款项。故可信商贸公司关于雀巢公司隐瞒了足以影响公正裁决的证据的主张不能成立。

云南林产工业有限责任公司与云南建工安装股份有限公司等纠纷案

（2009 年，中国云南省昆明市中级人民法院）

申请人林产公司申请称裁决所根据的证据是伪造的。本案出现了两个不同版本的结算书，一份是盖有一个印章的结算书，该印章是“云南晨林石化有限公司”印章，因该公司与本案无关，因此该份结算书不能作为本案证据使用。第二份是盖有三个印章的结算书，其中两个是“昆明俊晨贸易有限公司”印章，一个是“云南晨林石化有限公司”印章，肉眼可以清楚地看出结算书上的两个“昆明俊晨贸易有限公司”与《建设工程施工合同》中的“昆明俊晨贸易有限公司”印章有明显出入，伪造的可能性很大。2007 年 9 月 2 日还款承诺上盖有“昆明俊晨贸易有限公司”的两个印章，而 2006 年 12 月份，昆明俊晨贸易有限公司被吊销了营业执照，按照工商登记的相关规定，公司被吊销后，其印章作废或者被收回，怎么会出现在 9 个月之后的还款承诺上。这两个印章与《建设工程施工合同》中的印章也存在明显不同。还有，蔡某的签名也不是本人所签。可见，还款承诺系伪造。

经审理，法院认为：对于申请人认为裁决所根据的证据是伪造的，被申请人俊晨公司已说明其认可 2000 年 8 月 6 日结算书和 2007 年 9 月 2 日还款承诺的真实性，在上述结算书和还款承诺上盖章的行为是俊晨公司的行为，蔡某的签字是蔡某委托其女儿代签，俊晨公司对该签字行为予以认可。法院认为，俊晨公司已明确申请人提出异议的两份证据是俊晨公司的真实意思表示，在俊晨公司认可该证据真实性并确认证据内容的情况下，俊晨公司在该证据上盖章签字与否都不影响该证据的效力。虽然俊晨公司于2006年12月27日被工商管理部门吊销了营业执照，但这属于其经营资格被行政管理机关取消，其作为法人的主体资格依然存在，该公司有权出具2007年9月2日还款承诺，故申请人称该两份证据是伪造的没有事实依据，申请人的该项理由不能成立。最终驳回了申请人的撤销请求。

蔺某与云南兴林汽车贸易有限公司纠纷案
（2009年，中国云南省昆明市中级人民法院）

申请人蔺某认为仲裁庭采信证据不当，对其提交的证据中第二组《银行存单》、第三组《情况说明》、第四组《谈话笔录》及证人陈述认为与本案没有关联性故不予采信。法院认为：（1）根据《中华人民共和国仲裁法》第58条的规定，当事人提交证据证明仲裁裁决具有该条规定的可以撤销裁决的情形，法院应当撤销。而针对仲裁庭的证据认定，申请人未能提交证据证明其具有《仲裁法》第58条第1款第（四）项所规定的“裁决所根据的证据是伪造的”的情形，仲裁庭对证据关联性的审查是否有误并不属于《仲裁法》第58条规定的法院应撤销仲裁裁决的法定情形，故申请人蔺某认为仲裁庭采信证据不当的撤销理由不能成立。

◎实体审查

Alonso v. Luis Angel
（2007年，西班牙马德里上诉法院）

被告Luis Angel针对原告Alonso向马德里商会仲裁庭提起了仲裁，案件涉及到与购买股权协议有关的争议。裁决作出后，Alonso向马德里上诉法院提出撤销由马德里商会仲裁庭作出的裁决的申请。其称仲裁条款是无效的或不存在，并且仲裁裁决没有充分的审查合同的效力。

马德里上诉法院认为依据《西班牙仲裁法》第41第1款，撤销仲裁裁决只有出现该条款列举的情形时才可能被撤销。在本案中，原告Alonso试图通过以裁决没有充分地审查产生争议的合同来达到就向仲裁庭提交争议的实体进行重新审理的目的。法院认为，不能以程序的理由作为借口提起上诉而事实是为了寻求审查仲裁的实体方面。因此，马德里上诉法院驳回了原告撤销裁决申请。

醴陵市大力轻钢实业有限公司、王某与汪某股权转让及债权转让合同纠纷案

（2009年，中国湖南省株洲市中级人民法院）

醴陵市大力轻钢实业有限公司、王某向法院申请撤销仲裁裁决。申请理由是（2008）株仲裁字第209号裁决书中认定汪某诉王某与醴陵市大力轻钢实业有限公司股权转让及债权转让合同纠纷案中股权转让协议所涉及的债权转让内容有效是不合法的，是汪某抽逃资金的行为。

法院经审查后认为，对于申请人醴陵市大力轻钢实业有限公司、王某提出见证书与合伙合同一份、汪某退股协议、股权转让协议的证据材料，虽然真实，但不能证明仲裁庭仲裁的程序违法。人民法院审理申请撤销仲裁裁决纠纷只进行程序性的审查，而依法无权审查仲裁裁决的实体内容。《中华人民共和国仲裁法》第58条规定："当事人提出证据证明裁决有下列情形之一的，可以向仲裁委员会所在地的中级人民法院申请撤销裁决：（一）没有仲裁协议的；（二）裁决的事项不属于仲裁协议的范围或者仲裁委员会无权仲裁的；（三）仲裁庭的组成或者仲裁的程序违反法定程序的；（四）裁决所根据的证据是伪造的；（五）对方当事人隐瞒了足以影响公正裁决的证据的；（六）仲裁员在仲裁该案时有索贿受贿，徇私舞弊，枉法裁决行为的。人民法院经组成合议庭审查核实裁决有前款规定情形之一的，应当裁定撤销。人民法院认定该裁决违背社会公共利益的，应当裁定撤销。"经审查，申请人醴陵市大力轻钢实业有限公司、王某在庭审中并没有提出与此相关的事实和证据，而主要是提出仲裁实体裁决不公的问题，因两申请人的该主张实质属于实体方面的事实认定和法律适用问题，故不符合《中华人民共和国仲裁法》第58条规定的6项情形，实体方面的问题不属于法院撤销仲裁程序之审查范围，故申请人醴陵市大力轻钢实业有限公司、王某以实体裁决不公为由请求撤销仲裁裁决，没有法律依据，对其主张，法院不予支持。

◎撤销裁决的理由有限

Africa Industrial Services v. Polytra

（2005 年，比利时最高法院）

原告和被告签订了一份液体运输协议，双方同意以每吨来确定价格。部分液体在运输中泄露，当事人就以多少重量来确定价格存在争议。仲裁庭解释了运输协议，认为当事人不会愿意运输人仅仅以运送到的货物的重量来获得报酬。被告遂提起撤销裁决。被告认为，仲裁庭给出的理由是建立在对协议的错误理解，相当于违反了《比利时司法法典》第 1704 条第（2）款第（I）项规定的应附具理由的义务。另外，被告还提出由于他没有机会对仲裁庭错误理解协议提出意见，违反了正当程序。安特卫普上诉法院认可了被告提出的这两点意见并且撤销了裁决。

比利时最高法院审查了安特卫普上诉法院的判决，认为仲裁庭对证据的错误理解并不是对第 1704 条第（2）款第（I）项规定的附具理由义务的违反。仲裁庭在错误理解协议的基础上作出的裁决并不相当于违反正当程序原则。撤销裁决的理由是有限制的。因此，比利时最高法院认为，安特卫普上诉法院违反了《比利时司法法典》第 1704（2）（I）和第 1704（2）（G）项规定，故推翻了下级法院的裁定。

1998 年《比利时司法法典》第 1704 条

第 1704 条

1. 仲裁裁决仅可以申请撤销之方式向司法当局提出抗辩，并且仅在本条规定之情况下得被撤销。

2. 仲裁裁决得予撤销：

（1）如其违反公共秩序；

（2）如争议不能仲裁解决；

（3）如不存在有效仲裁协议；

（4）如仲裁庭超越其管辖权或权力；

（5）如仲裁庭未就争议之一点或数点作出裁决而所遗漏各点不能与已经裁决之各点分开；

（6）如裁决由不当组成之仲裁庭作出；

（7）如当事人未被给予机会申明其请求及陈述案件，或者如未遵守仲裁程序之任何其他强制规则以致已对仲裁裁决产生影响；

(8) 如第 1701 条第 4 款规定之手续尚未完成；

(9) 如裁决未申明理由；

(10) 如裁决内容相互冲突。

3. 裁决也可被撤销：

(1) 如其以欺诈方式获得；

(2) 如其所依据之证据已被有既判力之司法判决宣告为不真实或被承认为伪证；

(3) 裁决作出后，如已发现应对裁决产生决定性影响却由于另一方当事人之行为而被隐瞒之文件或其他证据。

4. 如当事人在仲裁过程中已得知此等事由却没有及时提出，第 2 款之第 (3)、(4) 或 (6) 项所指情况不应构成撤销裁决之理由。

5. 第 1690 条和第 1692 条所规定之对仲裁员之异议或排除仲裁员之理由，不应构成本条第 2 款第 6 项意义上之撤销理由，即使其系裁决作出之后才为人所知。

裴某与洛阳市畅元置业有限公司申请撤销仲裁裁决案

（2009 年，中国河南省洛阳市中级人民法院）

裴某向法院申请撤销仲裁裁决，称：洛阳仲裁委员会作出的（2008）洛仲字第 177 号仲裁裁决程序违法，裁决错误。具体包括：(1) 仲裁庭在开庭时未围绕申请人仲裁请求确认被申请人逾期办理房产证违约进行审理，而是对被申请人答辩提出的房屋面积发生变化，需补交房款的问题进行审理，审理已超出了仲裁申请的范围；(2) 仲裁庭在仲裁时，所依据的房屋测绘报告时间、地点系伪造的，根据该测绘报告被申请人在与申请人签订商品房买卖合同时就已经知道实测房屋面积而故意隐瞒，故我不应当补交房款，亦不构成违约。(3) 仲裁庭隐瞒了足以影响公正裁决之证据，根据申请人举证的商品房买卖合同及相关证据足以证明申请人并未违约，被申请人应承担逾期办证的违约责任；(4) 逾期交房的违约金计算错误。

经审理，法院认为：法院是否撤销仲裁裁决只从仲裁庭仲裁程序是否违法的角度进行审查。第一，关于申请人认为仲裁庭在开庭时未围绕申请人仲裁请求确认被申请人逾期办理房产证违约进行审理，而是对被申请人答辩提出的房屋面积发生变化，需补交房款的问题进行审理，审理已超出了仲裁申请范围的问题，仲裁庭未采纳申请人认为被申请人存在逾期办证的这一主张，此系仲裁庭对双方主张及答辩、双方所举证据进行审核与采信、对案件进行具体法律适用的结果，并非仲裁超出仲裁申请的范围，而且也并未裁决申请人向被申请人补交房款，亦不存在被申请人没有提出仲裁申请而仲裁庭作出裁决的情况，申请人的这一申请撤销理由不成立，法院不予支持。第二，对于申请人认为仲裁庭在仲裁时所依据的测绘报告系伪造的主张，因该案在仲裁时双方都提交了该测绘报告，对该报告的真实性双方均无异议，只是申请人认为根据该测绘报告被申请人在与申请人签订商品房买卖合同时就已经知道实测房屋面积而故意隐瞒，故不应当补交房款，亦不构成违约。法院认为此同样是仲裁庭对双方所举证据进行审核采信，对案件进行具体法律适用，是对案件实体处理的结果，而并不能说明该测绘报告系被申请人自己伪造的，故该申请撤销理由同样不能成立，法院不予支持。第三，关于申请人认为仲裁庭隐瞒了足以影响公正裁决之证据，根据申请人举证的商品房买卖合同及相关证据足以证明申请人并未违约，被申请人应承担逾期办证的违约责任的这一主张，在本案审理过程中申请人并未指出被申请人及仲裁庭隐瞒了哪些证据，只是认为仲裁裁决书中所列的相关证据仲裁员对其具体内容没有写明，故并非仲裁庭隐瞒了相关证据，申请人的该申请撤销理由不成立，法院亦不予支持。第四，关于申请人提出逾期交房的违约金计算错误的主张，此系仲裁庭对案件实体处理的结果，并不能依此要求撤销仲裁裁决。

Xerox Canada Ltd. & Xerox Corporation v. MPI Technologies Inc. & MPI Tech. S. A

（2006 年，加拿大安大略高等法院）

原告是一家加拿大公司，被告是一家美国公司。被告与原告之间签订有软件许可协议。被告称原告没有依据许可协议支付所欠的所有费用且原告抄袭专有软件以开发新的软件版本来取代被告的产品。软件的版权归被告的法国母公司。许可协议包含有仲裁条款，双方同意将所有请求或反诉依据仲裁条款提交仲裁并规定仲裁庭的成员将依据条款来任命。随后，在被告提出赔偿后，原告及其美国母公司、被告签订了单独的仲裁条款。被告的法国母公司并不是仲裁协议或许可协议的当事人。后仲裁庭裁定原告应支付未支付的软件许可使用费以及未经授权使用商业机密的赔偿共计超过 8 900 万美元。原告及其美国母公司请求撤销有利于被告的仲裁裁决。原告提出的撤销理由包括：仲裁庭决定将被告的法国母公司视为当事人；仲裁庭过分依赖司法外的调查、研究和分析；裁决作出的一系列的损害赔偿 1 600 万美元超过了许可协议所允许的赔偿。

法院承认存在为了被告的法国母公司和其子公司的利益将被告的法国母公司提前纳入索赔的事实。考虑到国际仲裁庭由于国际礼让和经济全球化的事实享有高度的尊重，和对《示范法》采取广义的解释，法院认为仲裁庭没有出现管辖错误。同时，商事仲裁的特点之一即仲裁员可以利用他自己的专业知识来判断证据。因此，身为技术专家的其中一名仲裁员没有超越作为仲裁员的职责，其检查过和比较过的软件密码在证据中且他的审查结果也与仲裁的当事人分享过。原告有机会对该名仲裁员的分析意见提出异议且仲裁庭没有阻止原告提出意见，但原告并没有利用这次机会。关于不恰当地赔偿，《示范法》第 34 条并没有规定因为事实或法律错误而撤销裁决。

☞ 判决摘录

Xerox Alleges Non-Judicial Conduct

[56] To understand the nature of Xerox's complaint, it is important to review (a) MPI's claim against Xerox; (b) the circumstances of the appointment of Mr. Platte; and (c) the conduct of the hearing.

[109] I recognize the care that must be taken in referring to a decision in respect of an arbitration held under a submission and rules different from those in the present case. Nevertheless, the following comment of Justice Colman in Minnetals is helpful:

In my judgment, the inability to present a case to arbitrators within s. 103 (2) (c) [of the English Arbitration Act, 1996 which allows a court to refuse enforcement when a party has been denied the ability to present its case] contemplates at least that the enforcee has been prevented from presenting his case by matters outside his control. This will normally cover the case where the procedure adopted has been operated in a manner contrary to the rules of natural justice. Where, however, the enforcee has, due to matters within his control, not provided himself with the means of taking advantage of an opportunity given to him to present his case, he does not in my judgment bring himself within that exception to enforcement under the convention. In the present case that is what has happened.

[110] I accept the proposition advanced by Xerox that once a breach of the principles of fundamental justice is established, the entire resulting decision is invalid. This is supported in administrative cases as well as the aids to interpretation associated

with International Commercial Arbitration. See Cardinal v. Director of Kent Institution, 1985 CanLII 23 (S. C. C.), [1985] 2 S. C. R. 643 at 660; Report of UNCITRAL on the work of its eighteenth session, para. 303.

[111] It was as a result of the allegation in effect of very serious conduct by a Panel chaired by a very senior and experienced retired judge that a fulsome review of the evidentiary record has been undertaken. Having undertaken and completed that review, as well as considered the written and oral submissions, I am unable to conclude that there has been the breach of fundamental justice as alleged.

[112] The issue of the tables that are alleged to be improper analysis by Mr. Platte arose before Mr. Christensen, a principal witness for Xerox, testified. There was evidence before the Panel, which it was entitled to accept and did accept, that there were individuals from Xerox who gained knowledge from working on software with MPI, who were involved in working on the software Xerox produced.

[113] The essential position of Xerox was that it denied any wrongdoing in what it did in developing its software. The evidence of Mr. Christensen that he did not use pre-existing knowledge, was not accepted.

[114] Mr. Christiansen was not believed by the Panel. Neither were some of the other Xerox witnesses. The Panel was entitled to and did draw an inference from the failure of Xerox to call some of the others who had worked on both the MPI/Xerox software and the Xerox software to deal directly with the issue of copying. There was conflicting expert evidence from which the Panel was entitled to choose.

[115] A review of the Award based on a review of the entire record does not establish any reliance on code productivity in circumstances where there was ample other evidence to support its conclusion.

[116] The following paragraphs from the Panel's Award result from a careful analysis of the evidence. The conclusions make it clear that there was ample compelling evidence to support the conclusion that " . . . Xerox did improperly use MPI's source to develop software of its own. . .

201. MPI's evidence was that it had taken MPI five years using a team of about 8 people to develop their initial IPDS solution. Xerox had been working to develop its own solution called XPAF for many years prior to abandoning that program in the early 2000s. Xerox on several occasions had attempted to find another provider for IPDS software but on each occasion remained with MPI as the preferred source. In the light of

such evidence, Mr. Christensen's assertion that he designed an independently created parser code in just over one month, if one accepts his evidence that he did not seriously start working on it until March 16, 2000, or in 3 to 4 months, while also working on other projects, if one accepts that he started working at an earlier date, is not believable.

202. Mr. Christensen's evidence that he only needed the IPDS reference manuals to create the design of the parser code and that he gained no knowledge from working with MPI's source code for so many years that would help him with version 8, is not believable. The IPDS manuals to which Mr. Christensen referred define the overall architecture of the IPDS language in towers and describe its "state machine" implementation. They do not give instructions on how to create the code necessary for non-IBM printers to work with an IBM mainframe. Counsel for Xerox refers to Mr. Saroufim's evidence that it is possible to create the code by using the IBM manuals; MPI did it. Mr. Saroufim, however, also said that "it is very hard... really very hard" and that it is a big job and takes a long time.

203. Xerox asserts that version 8 is a completely independent creation. The evidence does not support that assertion. The similarities in the structure that exist between the version 8 parser code and that of versions 7.4 and AT06 make it clear that MPI's code was used a template for the creation of version 8. In addition, there were some common names and comments and an identical copying of the ipdeb, SCSI driver and dfa.h files. A review of the independently developed Groupe SET and i-Data codes reinforces the conclusion that the design of the version 8 parser component was based on that of 7.4 and AT06. The structural and other similarities are discussed further in paragraphs 289 - 291. Mr. Christensen's evidence that the design of the version 8 parser code was independent of MPI's code is not credible evidence.

204. None of the developers of the version 8 parser software were called as witnesses except Mr. Christensen. The software developers that were called, Dr. Plass and Mr. Diebert, had little to do with the parser component. Dr. Plass worked on the Cedar imager and Mr. Diebart worked on the GUI. In particular, neither Mr. Cahoon nor Mr. Rodriguez was called. When Mr. Belgard found two comments in the AT06 and version 8 codes that were so similar that they raised "red flags," he sought to contact Mr. Cahoon, the author of the relevant part of the version 8 code. He was told that Mr. Cahoon was no longer employed by Xerox. Counsel for MPI had no difficulty locating

Mr. Cahoon's web site, which does reference a church, as Mr. Belgard said it did, but also carries a Xerox email address. Xerox called other witnesses who were no longer employed by it, Messrs. Warner, MacDonald and Fraix. No satisfactory explanation was given for not choosing to call as witnesses some of the developers who had direct knowledge of the parser development process.

[117] Little wonder then that a Panel member such as Mr. Platte might seek to test the evidence in order to assist with the issue of credibility, particularly during the course of the evidentiary phase and while the witnesses were available to respond to anything found.

[118] The only conclusion that I can reach from review of the transcript, the objection and interchange between the Panel and counsel and the opportunity to provide further evidence that was available and not followed up on, is that the investigation from the evidence commenced by Mr. Platte was not completed and did not form any part of the decision-making process of the Panel in the final analysis.

[119] There is nothing to suggest that Mr. Platte's views or lack of them on code productivity formed any part of the ultimate Award. In any event, the Panel fully explained what it had done and why in the following paragraphs from its Award [27]:

310. If the Tribunal had been dealing with a book written in English, counsel would not have been surprised to find the Tribunal reading parts of it to which counsel had not necessarily referred.

311. The Tribunal's decision to disclose which parts of the evidence it had been examining so that counsel would be aware of this was met with a vigorous negative reaction. The Tribunal was surprised.

[120] The review by this Court that was necessitated by the very serious allegation of jurisdictional error shows just why the bar is so high for the review of an award of International Commercial Arbitration.

[121] Commercial arbitration involves a consensual process since the parties to a contract have the right and privilege to determine the manner by which disputes will be dealt with. Xerox and MPI did that, not only in their Agreement but by the manner they submitted to the process before the Panel members, which process they chose.

[122] I agree with the description of the difficulty of concluding conduct of the kind sufficient to set aside a commercial Arbitration Award as set out in the decision of Madam Justice Lax in STET [28] at p. 193 - 4, which decision was upheld by the

Court of Appeal.

There does not appear to be a single definition or explanation of what conduct may be of sufficient character to cause the court to set aside the award: J. B. Casey, International and Domestic Commercial Arbitration (Toronto: Carswell, 1993), at pp. 9 – 19 to 9 – 20. Some courts have described due process in arbitral proceedings as entailing "fundamental fairness" which means that "the 'minimal requirements of fairness' --adequate notice, a hearing on the evidence and an impartial decision" have been met: Generica Ltd. v. Pharmaceutical Basics, Inc., 125 F. 3d 1123 at pp. 1129 – 30 (7th Cir. 1997). One commentator has proposed that conduct justifying intervention is "such a mishandling of the arbitration as to likely to amount to some substantial miscarriage of justice": Mustill and Boyd, The Law and Practice of Commercial Arbitration in England, 2nd ed. (London: Butterworths, 1989) at p. 550, fn. 4 (referred to in Mr. Casey's text at pp. 9 – 19 and 9 – 20). This articulation accords with the general approach to the setting aside of arbitral awards.

Guidance as to the kind of conduct which could justify setting aside an award under the Model Law for the failure to observe procedural fairness can be found in commentary on the meaning of public policy under Article 34 (2) (b) (ii) since the latter is intended to include both substantive and procedural aspects. This is evident from the following extract from the Report of the United Nations Commission on International Trade Law on the work of its eighteenth session (June 3 – 21, 1985) at p. 63, The Canada Gazette, Part I, vol. 120, No. 40, October 4, 1986, Supplement 1988, c. 30, S. 13:

It was understood that the term "public policy', which was used in the 1958 New York Convention and many other treaties, covered fundamental principles of law and justice in substantive as well as procedural respects. Thus, instances such as corruption, bribery or fraud and similar serious cases would constitute a ground for setting aside. It was noted, in that connection, that the wording " the award is in conflict with the public policy of this State " was not to be interpreted as excluding instances or events relating to the manner in which an award was arrived at.

Under the Model Law, the concepts of fairness and natural justice enunciated in Article 18 significantly overlap the issues of inability to present one's case and conflict with public policy set out in Articles 34 (2) (a) (ii) and (b) (ii). Since Article 34 (2) (b) (ii) is to be interpreted to include procedural as well as substantive justice and is not to exclude the manner in which an award is arrived at, it seems to me that the grounds for challenging an award under Article 18 are the same as they are under Article 34 (2) (b) (ii). Accordingly, in order to justify setting aside an award for a violation of Article 18, the conduct of the Tribunal must be sufficiently serious to offend our most basic notions of morality and justice.

Instances of corruption, bribery or fraud referred to in the Report of the United Nations would not only offend the essential morality of Ontario, but would offend shared notions of justice that are common to legal systems throughout the world. No court would hesitate to set aside an award arrived at in this manner. In considering other kinds of conduct, it is important to bear in mind that the Report of the United Nations may be used as an interpretive aid to the Model Law and it refers to "similar serious cases". In my view, this contemplates that judicial intervention for alleged violations of the due process requirements of the Model Law will be warranted only when the Tribunal's conduct is so serious that it cannot be condoned under the law of the enforcing state. (emphasis added)

[123] Even if it could be said that there was some impropriety in the conduct of the Panel (which I have not found), Xerox did have an opportunity before the evidence closed, during submissions and after the Award to seek to re-open the evidentiary phase to adduce any further evidence it felt necessary or appropriate to redress the suggestion of an unwarranted conclusion. Xerox did not take advantage of any such opportunity. In my view, there is insufficient evidence on which to conclude that it should be able to do so now.

[124] The investigation of the Panel in the circumstances is not sufficient to warrant a conclusion of impropriety amounting to judicial error as alleged by Xerox. The appeal on this ground must therefore fail.

◎约定法院程序

No. III ZB 7/06

（2007 年，德国联邦法院）

双方当事人约定争议依据德国仲裁委员会的规则进行仲裁。双方还约定，如果一方当事人不满意仲裁裁决，当事人可以在裁决作出后的1个月内在州法院提起诉讼。争议产生后，双方进行仲裁，仲裁结果不利于被告。在费用的补充裁决中，仲裁庭命令被告向原告支付仲裁费用。原告申请执行补充裁决，被法兰克福高等法院驳回。法院认为由于本身存在向法院求助的可能性，这个协议缺乏有效仲裁条款的前置条件。因此，依据《德国民事诉讼法典》第1060条这个协议的仲裁条款不能被执行。

上诉后，联邦法院认为，费用裁决是可执行的。法院认为，仲裁的原则允许存在当事人将仲裁裁决提交其他方式的可能性。在本案中，作为解决争议的条件，当事人已经同意，如果在预先确定的时间内向州法院提起诉讼，终局和有效的仲裁裁决不能生效。联邦法院认为《德国民事诉讼法典》并没有禁止当事人作出这样的规定。如果超过规定的期限，裁决和其他终局性裁决就是相同的。因此，法院没有拒绝执行裁决的理由。

1998年《德国民事诉讼法典》第1060条

第1060条 国内裁决

（1）裁决业经宣告为可以执行后予以强制执行。

（2）如存在第1059条撤销裁决的理由，则宣告裁决可执行性的申请应被拒绝并且裁决应同时被撤销。如提出宣告可执行性的申请时，撤销裁决的申请已经最后被驳回，则其所依据的理由不应被考虑。如第1059条第3款规定的期限已过而反对申请执行的当事人并没有申请撤销裁决，则第1059条第2款第1项所述理由也不应予以考虑。

◎相关裁判文书的效力

No. 20 *Sch* 13/04

（2006年，德国柏林高等地区法院）

双方当事人之间的建设合同包含这样的仲裁条款，“依据15.3 IIC规则仲裁，上海适用”。15.3是指规定在FIDIC普通版的标准仲裁条款。2004年3月，ICC仲裁庭的独任仲裁员在上海作出裁决。依据中国法律，仲裁条款须指明仲裁机构才能有效。在本案中，没有选定仲裁机构，因此仲裁条款被认定为无效。2004年9月，中国无锡法院裁定仲裁条款无效。2006年，原告决定在柏林针对另一债务人申请执行该仲裁裁决。原告认为，尽管中国法院在2004年作出的相反的裁定，但独任仲裁员裁决仲裁条款是有效地并肯定他自己的管辖权。

高等法院没有采纳原告的观点，相反，采纳了由中国法院作出的裁定。法院指出裁定是终局的和有效的。法院称，尽管中国与德国没有相互承认的条约，没有有力的证据表明中国法院会拒绝承认德国的判决。在中国与德国没有互相承认的具体实践的情形下，法院认为应选择有利于相互承认的可能性。另外，德国法院的承认可能促进以后中国法院的承认。尽管没有相互承认，中国法院的裁定仍是有关联的，它提供了关于仲裁条款效力法律的权威解释，是对中国仲裁法的有说服力的阐述，与中国最高法院就同样问题的意见也是一致的。

Hemofarm DD，*MAG* 国际贸易公司等申请承认和执行国际商会仲裁裁决案

（2008 年，中国最高人民法院）

一、仲裁的基本情况

1995 年 12 月 22 日，Hemofarm DD、MAG 国际贸易公司与济南永宁制药股份有限公司（以下称永宁公司）签订《济南——海慕法姆制药有限公司合资合同》，成立济南——海慕法姆制药有限公司（以下称合资公司或合资企业）。合同第 57 条就“适用法律”约定：本合同的订立、效力、解释和履行均受中国法律管辖。合同第 58 条就“争议的解决”约定：凡因执行本合同所发生的或与本合同有关的一切争议，双方应通过友好协商解决；如果协商不能解决，应提交巴黎国际商会仲裁委员会（以下称巴黎 ICC），根据该会的仲裁程序暂行规则进行仲裁。2000 年 4 月，苏拉么媒体有限公司加人合资公司，成为公司股东。

2002 年 8 月 6 日，永宁公司向济南中院起诉合资公司，要求给付租金并返还部分租赁财产。合资公司对法院管辖权提出异议，主张有关租赁争议应根据合资合同第 58 条约定提交巴黎国际商会仲裁委员会仲裁解决。济南中院审查认为，永宁公司所诉纠纷是其与合资公司因资产租赁使用而产生的纠纷，而合资合同中的仲裁条款约束的是合资公司的各投资主体，合资公司不是投资主体，本案不适用合资合同中的仲裁条款，故裁定驳回合资公司的管辖异议。诉讼中，永宁公司向法院提交了财产保全申请，并提供了担保，济南中院准许了申请并查封了合资公司部分银行存款和产品。2003 年 4 月 9 日，济南中院判决支持了永宁公司的诉讼请求，同年 7 月 23 日，法院作出终审判决，维持了一审判决。2003 年 1 月 17 日，永宁公司向济南中院起诉合资公司，要求支付土地租金并返还部分租赁

土地，合资公司提起反诉，要求永宁公司办理出租土地登记手续。2003 年 11 月 25 日济南中院判决支持了永宁公司的诉讼请求，驳回了合资公司的反诉。2004 年 8 月 16 日，法院作出终审判决，维持了一审判决。2003 年 8 月 2 日，永宁公司向济南中院起诉合资公司，要求支付新欠租金并返还部分租赁财产。合资公司提出管辖权异议，主张租赁争议应当根据合资合同中的仲裁条款提交国际商会仲裁院仲裁解决。济南中院裁定驳回管辖权异议后，合资公司提起上诉，法院经审查认为，合资合同中的仲裁条款是对合资企业各投资方在因合资事宜发生争议时解决纠纷方式的约定，永宁公司以合资公司使用其财产未支付费用为由向法院主张权利，属另一法律关系，不受合资合同中仲裁条款的约束，裁定驳回上诉。后永宁公司撤诉，2004 年 9 月，永宁公司就撤诉案件向济南中院重新起诉，要求合资公司支付欠付租金。2005 年 3 月 5 日，济南中院判决支持了永宁公司的诉讼请求，同年 10 月 18 日，法院终审判决维持了原审判决。

2004 年 9 月 3 日，Hemofarm DD、MAG 国际贸易公司、苏拉么媒体有限公司作为共同申请人向国际商会仲裁院提起仲裁申请，仲裁请求包括：（1）共同申请人请求明确裁决被申请人违反了对共同申请人的义务。理由包括：① 通过提起并维持诉讼，被申请人违反了对共同申请人的合同上和中国法上的义务。② 诉讼中，被申请人没有或拒绝依据合资合同第 58 条的要求解决其与共同申请人之间与合资合同有关的争议。前述事实表明，被申请人拒绝了 Hemofarm DD、MAG 国际贸易公司，苏拉么媒体有限公司提出的通过友好的法院外谈判解决这些争议的多次建议。③ 除这一违约外，被申请人还违反了合同第 58 条项下将不能通过友好谈判解决的任何此等争议提交终局的和有约束力的巴黎 ICC 仲裁的义务。④ 此外，在诉讼中被申请人故意依据伪造证据支持其支付租金的诉讼请求。被申请人因此非法收回了其在合资企业的出资，进一步违反了合同义务。（2）共同申请人请求返还投资价值。理由包括：① 由于被申请人提起第一起诉讼，合资企业的银行账户无正当理由被冻结，仓库被查封。源于被申请人向法院提起特别申请的这些行为，使合资企业难以并最终不可能维持正常运营。② 2003 年 7 月，合资企业被迫停业。此后，由于被申请人的行为，包括诉讼在内，使得合资企业无法恢复运营，且这种持续的停业直接导致合资企业价值的实质性降低。③ 此外，由于被申请人获得的对第一份判决的执行，使得合资企业恢复经营所必需的部分设备永久性地不能为合资企业使用。④ 依据中国《合同法》第 107 条，当事人一方不履行合同或者履行合同不符合约定的，应当承担继续履行、采取补救措施或者赔偿损失等违约责任。中国《合同法》第 113 条规定，当事人一方不履行合同义务或者履行义务不符合约定，给对方造成损失的，损失赔偿额应当相当于因违约所造成的损失，包括合同履行后可以获得的利益，但不得超过违反合同一方订立合同时预见到或者应当预见到的因违反合同可能造成的损失。⑤根据适用的中国法律，如果一方当事人违反合同，受损害的一方当事人有权就所有这些可预见的损失获得赔偿。⑥共同申请人有权就被申请人各种违约造成的他们投资总值的损失获得赔偿。共同申请人在合资企业的投资为10764514美元，包括两部分：共同申请人经验资的出资8 730 302美元；共同申请人未经验资的出资2 034 212美元。(3) 共同申请人申请利润损失。如上所述，由于另一方违约遭受损失的一方有权就合同履行原本可获得的利润要求对方补偿。由于被申请人的诉讼行为和第二起诉讼的强制执行，被申请人迫使共同申请人失去了特定的利润。相应的，共同申请人有权就利润损失获得赔偿，共同申请人保留在程序进行的适当时间确定本请求具体数额的权利。(4) 共同申请人请求明确裁决诉讼判令的租金不能支付。基于前述原因，依据伪造文件提起诉讼，被申请人非法收回了其在合资企业的出资，违反了对共同申请人的义务。因此，共同申请人请求仲裁庭明确裁决合资企业不应支付任何一起诉讼中确定的租金。(5) 共同申请人请求明确裁决责令被申请人撤回诉讼请求。①诉讼中的争议涉及合资企业的合资者对被申请人依据合资合同投入合资企业的部分财产如何对待的分歧，因此，它们是“源于合同的履行或者与合同有关的争议”，因此，应归入合同第58条包含的巴黎ICC仲裁的协议的范围。这些争议无疑受ICC仲裁协议约束。②共同申请人请求仲裁庭裁令巴黎ICC仲裁是申请人与被申请人之间源于合资合同争议的排他性的适当法庭，并裁令被申请人撤回其在诉讼中的所有请求。(6) 共同申请人请求赔付在诉讼中进行抗辩花费的所有费用。由于被申请人违反对共同申请人的义务开始并维持诉讼，迫使共同申请人对诉讼请求进行抗辩，迄今已花费35万美元。因此，共同申请人请求赔付这些费用。(7) 共同申请人请求宣布被申请人严重违约，合资企业应视为终止。而且，通过开始并维持诉讼，被申请人违反了合资合同第58条，并导致合资企业如合同第51条所界定的“无法继续运营或实现合同设定的经营目的”。因此，请求裁令合资企业被视为终止。(8) 共同申请人请求赔付与本仲裁相关的所有费用。共同申请人请求裁令被申请人承担共同申请人因本仲裁花费的所有费用，包括但不限于ICC仲裁受理费、管理费以及仲裁员、专家、顾问、证人和法律顾问费用。

永宁公司提出了反请求。

仲裁庭草拟了仲裁审理范围书，并转交各当事人签署。范围书第六部分列举了待裁决事项，其中包括：被申请人是否因对合资公司提起诉讼而构成对合资合同的违反；被申请人是否不应当就这些争议提起诉讼，而应当根据合资合同从而依据国际商会的仲裁规则进行仲裁（见裁决书第一部分之第6节）；当事人之间的争议是关于合资合同下的出资，还是被申请人与合资公司之间的租赁关系。永宁公司反对将中国法院已经审理的其与合资公司之间有关争议事项纳入审理范围，对待决事项的界定提出保留，并拒绝在审理范围书上签字。

在仲裁过程中，共同申请人依据合资合同第58条，《中华人民共和国民事诉讼法》第257条、第111条第2项，《中华人民共和国仲裁法》第5条，主张仲裁庭对争议事项有管辖权。被申请人主张适用中国法律来决定仲裁协议的有效性和由此产生的仲裁庭的管辖权。（见裁决书第三部分第216节）

在仲裁裁决的第三部分，仲裁庭对于“被提交问题的解决”包括如下内容：永宁公司就合资公司使用其非出资资产所应付租赁费提起并维持诉讼的行为并没有违反合资合同中的仲裁协议；第一起诉讼对被申请人的外国合作伙伴的权利和义务产生了直接影响，但这在本质上并不是由被申请人提起第一起诉讼造成的，而是中国法院在晚些时候所作出的财产保全裁定的结果（见第230节）；在仲裁庭看来，申请法院作出和执行财产保全裁定不具有任何法律和商业上的正当性（见第231节）；造成合资公司失败直至最终停止运营的最直接、最迅速的原因是中国法院在诉讼中作出的财产保全裁定的执行（第240节）；共同申请人因被申请人方在诉讼中申请财产保全这一直接原因损失了其在合资公司中的投资，所以申请人可获得损失赔偿（见第260节）；仲裁庭裁决被申请人违反了合同，因为被申请人提起并维持了诉讼，且申请并得到了法院的保全裁定，保全裁定使得合资公司的经营遭受了不必要的实质性损失，从而使合资公司无法继续运营（见第281节）；土地租赁诉讼上的争议毫无疑问地违反了合资合同第58条，这种争议明显属于合资合同仲裁条款的范围（见第236节）。另外，仲裁裁决还就三申请人关于其在中国法院的诉讼中为合资公司进行抗辩所产生的诉讼费用的请求进行了审理，并裁决共同申请人可获得为合资公司进行抗辩而支出的诉讼费用的30%。

仲裁裁决书在第四部分对争议问题的解决作了摘要重述，内容包括：被申请人在第一起诉讼中从中国法院获得了财产保全裁定，对这些财产保全裁定的执行对共同申请人在合资合同项下的权利和利益造成了直接的、实质的和不利的影响，它们直接并最终导致合资公司终止运营及关闭。由于财产保全裁定，被申请人构成了对合资合同的违反，共同申请人有权依据合资合同第58条将它们向被申请人损害赔偿的请求提交国际商会仲裁院仲裁；提起土地租赁诉讼是对合资合同的违反，因为该争议本应当根据合资合同第58条提交国际商会仲裁院通过仲裁解决；导致合资公司最后终止的唯一、迅速、有效的原因是被申请人申请中国法院作出的特别是在第一起诉讼中作出的财产保全裁定。

仲裁庭最终裁决：(1) 永宁公司应负担自身的法律及其他费用；(2) 永宁公司应向三申请人支付损害赔偿金 6 458 708. 4 美元，诉讼费用 9 509. 55 美元，法律及其他费用 1 270 472. 99 美元，仲裁费用 295 000 美元；(3) 从永宁公司获悉本仲裁裁决之日至付款之日裁决总金额 8 033 690. 94 美元依据每年 5% 的利率计算利息；(4) 申请人向永宁公司移交合资公司的公章及财务章；(5) 驳回永宁公司的反请求；(6) 驳回其他请求与反请求。

二、申请人申请承认、执行及被申请人抗辩情况

2007 年 3 月 16 日，被申请人收到仲裁裁决。2007 年 9 月三申请人向济南中院提交承认及执行仲裁裁决申请书。

被申请人永宁公司辩称该仲裁裁决应不予承认和执行，理由是：(1) 仲裁裁决的内容超出了合资合同仲裁条款约定的范围，依据《纽约公约》第 5 条第 1 款（丙）项，应不予承认及执行。依据中国法律，合资合同仲裁条款的范围应当限于合资各方股东之间合资项下的争议，而不包括永宁公司与合资企业之间的争议。本案仲裁庭不顾永宁公司的反对，将永宁公司与合资企业的争议纳入审理范围书，仲裁裁决对我国法院已经明确裁决的永宁公司与合资公司之间的争议进行了实质性审查，作出了独立认定，并依据这种认定裁决永宁公司承担巨额赔偿，甚至裁决永宁公司赔偿申请人在中国诉讼的诉讼费。(2) 仲裁裁决关于永宁公司财产保全违法的认定不仅超出仲裁协议范围，更超出了当事人本次仲裁项下提交仲裁的事项，而且永宁公司未能就此得到申辩机会，依《纽约公约》第 5 条第 1 款（乙）、（丙）项，应不予承认和执行。(3) 该仲裁裁决处理了依我国法律不可仲裁的事项，根据《纽约公约》第 5 条第 2 款（甲）项，应不予承认及执行。诉讼当事人申请财产保全的权利是由我国民事诉讼法赋予的公法权利，不可仲裁。财产保全申请是否符合法律要件的裁判权，专属于人民法院，不可仲裁。(4) 承认及执行该仲裁裁决违反我国公共政策，依据《纽约公约》第 5 条第 2 款（乙）项，应不予承认及执行。

三、济南中院审查意见

（一）该案仲裁裁决的内容是否超出仲裁协议的范围问题

依据仲裁协议，仲裁庭裁决的范围只能限于合资当事人之间合资性质的争议，与合资无关的争议不属于仲裁协议约定的范围。永宁公司与合资公司之间因租赁关系而引起的诉讼、财产保全措施等，系合资公司与股东永宁公司之间的纠纷，与本案三申请人无关，三申请人以此为由申请仲裁及仲裁庭以永宁公司的财

产保全违反合资合同为由进行裁决，明显超出仲裁协议约定范围。

（二）对财产保全的审理是否属于双方实际提交仲裁事项之外的事项及永宁公司是否对此获得申辩机会问题

仲裁庭审理范围包括了合资公司失败和停止运营的原因等事项，财产保全是否得当是仲裁庭认为合资公司失败和停止运营的原因，对财产保全的审理属于当事人提交仲裁的事项，永宁公司对财产保全是否合法等进行了申辩，其申辩权利得到了行使，仲裁程序并无不当。

（三）财产保全是否合法、是否属于我国法律规定的不能仲裁的事项问题

仲裁申请人提起的虽然是合资纠纷，但仲裁裁决永宁公司赔偿的原因系财产保全造成的。财产保全虽是永宁公司申请的，但相关措施的实施是法院依职权进行的，是法院代表国家行使的审判权。财产保全是否得当的评判权在我国司法机关，国际商会仲裁院无权裁决。故本案仲裁裁决的争议事项不可以通过仲裁方式解决。

（四）承认及执行该仲裁裁决是否违反我国的公共政策

诉讼是我国公民、法人享有的一项基本的宪法权利。永宁公司将财产租赁给合资公司使用，在无法得到租金的情况下提起诉讼并申请财产保全，是在行使一项基本的法定权利。永宁公司提起的诉讼和申请财产保全得到了法院支持，说明其申请是合法的。但仲裁庭无视我国法院的生效裁判文书，以永宁公司正当的诉讼行为作为违约事由进行裁决，等于否决了我国法院裁判文书的效力。仲裁裁决认定土地租赁诉讼应当提交国际商会仲裁，明显与我国法院已经作出的判决书相冲突，是对人民法院生效裁判文书的否定，严重挑战了我国法院的司法权，违背我国社会公共利益。

因此，济南中院拟不予承认及执行该仲裁裁决。

四、山东高院的审查意见

2008 年 1 月 30 日，山东省高级人民法院向最高人民法院提交了［2007］鲁民四他字第 12 号《不予承认和执行国际商会仲裁院仲裁裁决的请示》。除报告上述案情外，山东高院经审查认为，本案仲裁裁决由国际商会仲裁院作出，国际商会仲裁院确定法国巴黎为仲裁地点，裁决应视为在法国作出。中国和法国均为《纽约公约》当事国，应根据公约规定进行审查，依据《纽约公约》，本案仲裁裁决应不予承认及执行。

（一）该案仲裁裁决所处理的争议超出了仲裁协议约定的范围，符合《纽约公约》第 5 条第 1 款（丙）项规定的情形，应不予承认及执行

Hemofarm DD、MAG 国际贸易公司与永宁公司签订的《济南——海慕法姆

制药有限公司合资合同》第58条约定："凡因执行本合同所发生的或与本合同有关的一切争议，双方应通过友好协商解决；如果协商不能解决，应提交巴黎国际商会仲裁委员会，根据该会的仲裁程序暂行规则进行仲裁。"由于合资合同的法律适用条款明确约定本合同受中国法律管辖，更重要的是三申请人在仲裁程序中以中国法律主张仲裁庭的管辖权，且永宁公司也明确主张应适用中国法律解释仲裁条款，当事人实际上共同选择了以中国法律作为仲裁协议的准据法。

依据中国法，合资合同的签约主体是中外投资者，合同中的仲裁条款也仅能约束各投资主体；合资公司既不是合资合同的签约主体，也不是仲裁条款的签约主体，涉及合资公司的争议，应不受仲裁条款的约束。但在本次仲裁中，申请人以永宁公司在中国法院对合资公司诉讼违反合同和法律为由申请仲裁，仲裁庭在永宁公司明确反对的情况下，将永宁公司与合资公司之间的已经中国法院审理的争议纳入审理范围，作出独立认定，并进行了裁决，裁决事项显然超出了仲裁协议的范围。第一，仲裁庭审理了永宁公司与合资公司之间的实体纠纷。在仲裁裁决的第177节~214节，仲裁庭对永宁公司与合资公司之间的租赁关系进行了审理和认定。第二，仲裁庭审理了永宁公司与合资公司之间的诉讼程序争议。在仲裁裁决的第218节—237节，仲裁庭就永宁公司是否有权对合资公司提起财产租赁诉讼、是否有权申请对合资公司采取诉讼保全措施、永宁公司与合资公司之间的土地租赁纠纷应通过诉讼还是仲裁解决等进行了审理和认定。第三，仲裁庭对永宁公司与合资公司之间已在中国法院进行的诉讼的诉讼费用负担问题进行了裁决，并裁令永宁公司赔偿三申请人为合资公司在中国法院进行诉讼垫付的诉讼费用。

（二）仲裁庭裁决了依据我国法律不能通过仲裁解决的争议事项，依据《纽约公约》第5条第2款（甲）项，应不予承认及执行。

根据《纽约公约》第5条第2款（甲）项规定，如果申请承认及执行地国主管机关认定，依该国法律争议事项不能以仲裁解决者，可不予承认及执行仲裁裁决。依据我国《仲裁法》第2条，只有平等主体的公民、法人和其他组织之间的合同纠纷和财产权益纠纷可以仲裁。另根据我国加入《纽约公约》时所作商事保留声明，我国仅对按照我国法律属于契约性和非契约性商事法律关系所引起的争议适用该公约。也就是说，依照我国法律，只有合同和财产权益纠纷可以仲裁，而且只有对因商事法律关系引起的争议作出的裁决，才能依《纽约公约》申请我国法院承认及执行。

本案仲裁裁决处理了依我国法律不能仲裁的事项：

第一，永宁公司向中国法院申请并获得财产保全的正当性和合法性问题。永宁公司针对其与合资公司的诉讼向中国法院申请财产保全，属于民事诉讼法律关系的范畴，对于诉讼保全申请的合法性与正当性发生的争议，属于因诉讼法律关系引起的争议，既不属于平等主体之间的合同和其他财产权益纠纷，也不属于契约性和非契约性商事法律关系所引起的争议。对于这种由诉讼法律关系引起的争议，中国法院享有排他的管辖权。无论是诉讼当事人，还是其他案外人，对于在中国法院进行的诉讼保全行为的正当性和合法性的任何异议，均只能向管辖法院或其上级法院提出并寻求救济，仲裁庭无权仲裁。但本案仲裁庭认定永宁公司向中国法院申请并获得财产保全不具有任何法律和商业上的正当性，认定中国法院的财产保全导致了合资公司终止经营，并据此裁令永宁公司承担巨额赔偿责任，显然违反了我国法律关于可仲裁性问题的规定。

第二，永宁公司与合资公司在中国法院进行诉讼的诉讼费用负担问题。对于当事人之间如何负担在中国法院进行诉讼的费用问题，同样是一个因诉讼法律关系引起的纠纷，中国法院当然享有专属管辖权，仲裁庭无权仲裁。但本案仲裁庭裁令永宁公司向三申请人赔偿为合资公司垫付的诉讼费用，同样违反了我国法律关于可仲裁性问题的规定。

（三）承认及执行该仲裁裁决将违反我国的公共政策，依据《纽约公约》第5条第2款（乙）项的规定，应不予承认及执行

根据《纽约公约》第5条第2款（乙）项规定，如果申请承认及执行地国主管机关认定，承认及执行裁决有违该国公共政策者，可不予承认及执行仲裁裁决。

首先，本案仲裁裁决侵害了人民法院的司法管辖权，损害了我国的司法主权。具体包括以下方面：第一，仲裁裁决对永宁公司向人民法院申请财产保全的合法性进行了审理和认定，侵害了人民法院对当事人财产保全申请的审查权；第二，仲裁裁决认定永宁公司就土地租赁诉讼向人民法院起诉合资公司违反了仲裁条款，不仅否定了人民法院对诉讼管辖异议的审查权，也直接否定了人民法院对土地租赁诉讼的管辖权；第三，仲裁裁决对永宁公司与合资公司之间的租赁关系进行了独立审查，而依据我国法律以及人民法院已经作出的管辖异议裁定，永宁公司与合资公司之间的租赁纠纷应由我国法院管辖，且济南中院已就此作出了审理；第四，仲裁裁决裁令永宁公司向三申请人赔偿在中国法院进行诉讼的费用，侵害了人民法院对诉讼费用负担问题的决定权。

其次，本案仲裁裁决否定了人民法院生效判决、裁定的既判力，同样损害了我国的司法主权。包括如下方面：第一，在永宁公司诉合资公司的第一起财产租赁诉讼中，永宁公司向人民法院提起了财产保全申请，济南中院审查认为永宁公

司的申请符合法律规定，但仲裁裁决却认定永宁公司提起财产保全申请没有任何法律和商业上的正当性；第二，人民法院依据永宁公司申请作出了财产保全裁定，仲裁裁决却认定对中国法院在诉讼中作出的财产保全裁定的执行是造成合资公司失败直至最终停止运营的最直接、最迅速的原因，实际上是否定了人民法院财产保全裁定的合法性和正当性；第三，对于永宁公司与合资公司之间的前两起财产租赁诉讼，合资公司均提出了管辖权异议，人民法院已裁定驳回了异议，仲裁庭对永宁公司是否有权向人民法院起诉合资公司又进行独立审查，尽管最终未作出与人民法院生效裁定相矛盾的认定，但仍然挑战了人民法院生效裁定的既判力；第四，对于永宁公司与合资公司之间的土地租赁诉讼，人民法院认定永宁公司的起诉符合法律规定并立案审理，在合资公司并未提出管辖异议的情况下，人民法院已作出了生效判决，但仲裁裁决认为永宁公司向人民法院提起土地租赁诉讼违反了仲裁条款，该争议应提交仲裁解决，否定了人民法院就土地租赁诉讼所作生效判决的既判力；第五，在永宁公司与合资公司之间的四起诉讼中，人民法院已就诉讼费用的负担作出了判决，仲裁裁决却裁令永宁公司赔偿三申请人有关诉讼费用，同样否定了人民法院生效判决的既判力。

再次，承认和执行该裁决有违我国基本的民事诉讼法律制度。民事诉讼法是我国的一部基本法，财产保全制度是我国民事诉讼法确立的基本诉讼制度，当合法民事权益遭受侵害时，公民、法人有权起诉并申请财产保全，申请财产保全是公民、法人最基本的诉讼权利。然而，本案仲裁裁决认定永宁公司申请并获得财产保全构成违约甚至违法，实际上否定了公民、法人提起财产保全申请的权利。承认和执行该裁决必然使民事诉讼当事人产生如下认识：人民法院对当事人财产保全申请的审查不是终局的，即使法院准许了保全申请，仲裁庭仍有权认定财产保全申请违法，而且仲裁庭有权就人民法院采取的财产保全措施裁令保全申请人承担赔偿责任。如此，我国的民事诉讼财产保全制度将受到根本性影响。

最后，承认和执行该裁决有违公平原则。根据人民法院关于永宁公司与合资公司之间财产和土地租赁诉讼的生效判决所确认的事实，永宁公司是在合资公司欠付租赁费的情况下向人民法院起诉合资公司并申请财产保全的，无论是实体请求还是财产保全申请均得到了人民法院的支持。因此，永宁公司与合资公司之间纠纷的真正起因是合资公司欠付租金，仲裁裁决却将永宁公司申请诉讼保全这种正当的诉讼行为作为合资公司停止运营的原因，并据此判令其承担巨额赔偿责任，对永宁公司显然不公平，执行该裁决将违反我国社会最基本的公平理念。

关于永宁公司在仲裁程序中是否获得申辩机会问题，山东高院同意济南中院意见。

五、最高人民法院的批复意见

最高人民法院
关于不予承认和执行国际商会仲裁院
仲裁裁决的请示的复函

2008 年 6 月 2 日 〔2008〕民四他字第 11 号

山东省高级人民法院：

你院〔2007〕鲁民四他字第 12 号《关于不予承认和执行国际商会仲裁院仲裁裁决的请示》收悉。经研究，答复如下：

本案仲裁裁决系国际商会仲裁院作出，应根据我国加入的 1958 年《承认及执行外国仲裁裁决公约》进行审查。

Hemofarm DD、MAG 国际贸易公司、苏拉么媒体有限公司与济南永宁制药股份有限公司在《济南——海慕法姆制药有限公司合资合同》中约定的仲裁条款仅约束合资合同当事人就合资事项发生的争议，不能约束济南永宁制药股份有限公司与合资公司济南——海慕法姆制药有限公司之间的租赁合同纠纷。国际商会仲裁院在仲裁 Hemofarm DD、MAG 国际贸易公司、苏拉么媒体有限公司与济南永宁制药股份有限公司合资合同纠纷案件中，对济南永宁制药股份有限公司与合资公司济南——海慕法姆制药有限公司之间的租赁合同纠纷进行了审理和裁决，超出了合资合同约定的仲裁协议的范围。

在中国有关法院就济南永宁制药股份有限公司与合资公司济南——海慕法姆制药有限公司之间的租赁合同纠纷裁定对合资公司的财产进行保全并作出判决的情况下，国际商会仲裁院再对济南永宁制药股份有限公司与合资公司济南——海慕法姆制药有限公司之间的租赁合同纠纷进行审理并裁决，侵犯了中国的司法主权和中国法院的司法管辖权。依据《承认及执行外国仲裁裁决公约》第五条第一款（丙）项和第二款（乙）项之规定，应拒绝承认和执行国际商会仲裁院第 13464/MS/JB/JEM 号仲裁裁决。

同意你院的请示意见。

此复。

◎已撤销或替代裁决的执行

Société PT Putrabali Adyamulia v. Société Rena Holding

（2007 年，法国上诉法院）

原告 Putrabali 在伦敦提起仲裁，要求被告 Rena 支付货款。Putrabali 的请求在 2001 年 4 月 10 日的第一个裁决中被驳回。随后，这个裁决的一部分被英国高等法院撤销，英国高等法院认为 *Rena* 没有支付货款违反了合同约定。2003 年 8 月 21 日仲裁庭作出第二个裁决，命令 *Rena* 支付货款。在第二个裁决作出后，*Rena* 在法国请求承认和执行第一个裁决。*Putrabali* 抗辩称第一个裁决已被撤销，并且被另一个裁决所代替，因此第一个裁决已没有法律效力，并认为执行该裁决是权利的滥用和对善意原则的违反。*Putrabali* 还认为，所谓的第一个裁决已不是裁决，在仲裁庭撤销后它对当事人已没有效力，因此不能被执行。

上诉法院认为，国际仲裁裁决并不属于任何国内法律体系，其效力应依据裁决被请求承认和执行的国家的法律规则来审查。依据《纽约公约》第 7 条，*Rena* 请求在法国承认裁决是允许的，它可以依赖法国关于国际商事仲裁的规则，而这其中并不包括外国仲裁裁决被撤销。

◎重新审查

C. G. J. de Bruin v. AM Wonen B. V.
& Amstelland Ontwikkeling

（2007 年，荷兰最高法院）

双方当事人达成了关于公寓建设和购买的合同。后双方因油烟污染进行仲裁。仲裁裁决承包人修复通风系统和赔偿损失。承包人愿意赔偿一部分损失，但公寓的所有者向法院提起诉讼要求支付仲裁裁决中剩余的部分。承包者称其已完成裁决中规定的责任，并称试图继续执行裁决会导致执行权的滥用。区法院和上诉法院允许了承包者的申请。

最高法院认为，裁决一旦成为终局即有约束力，执行阶段的审查不允许对争议进行重新审查。

◎部分撤销

泰州市华通公路工程有限公司阿深高速新县段第五合同段项目部、泰州市华通公路工程有限公司申请撤销仲裁裁决案

（2009年，中国河南省信阳市中级人民法院）

华通五部申请称：（1）裁决的事项不属于仲裁协议的范围，仲裁委无权仲裁。3号裁决书裁决的修便道费和征地拆迁补偿费、二次转运费、水管转移费等施工前期准备工作应付款共计99 666.00元及施工设备折价款等事项，不是双方施工合同约定的内容，也不会在履行合同过程中产生争议，根据双方的《建设工程施工合同》第三部分 第37条规定："在履行合同过程中产生争议时，请当地仲裁部门进行调解。"按照《民事诉讼法》第217条第2款第2项和《仲裁法》第58条第1款第2项："裁决的事项不属于仲裁协议的范围"，应当依法撤销。（2）仲裁程序违反法定程序。仲裁委在案件审理过程中，随意改变仲裁程序，仲裁程序多次违反法定程序。主要是违反增加仲裁请求、逾期举证、举证期限、仲裁期限、鉴定的法定程序，并在被申请人对评估报告提出异议后，仲裁庭不作处理就进行裁决同样违反法定程序。（3）裁决书认定事实的主要证据不足。3号裁决书不应当依据公平原则对案件予以裁决，该裁决书认定清单价证据不足，而且申请人的主要证据都是复印件或自己单方制造的表格，不具有证据效力。（4）裁决书适用法律错误。李某的工程没有竣工，未经验收，且工程质量不合格，应适用《最高人民法院关于审理建设工程施工合同纠纷案件适用法律问题解释》第3条"建设工程施工合同，修复后的建设工程经竣工验收不合格的，承包人请求支付工程款的，不予支持"的规定。（4）双方签订仲裁协议时，《仲裁规则》尚未制定，更没有施行，该规则没有溯及力，对本案不适用。（5）3号裁决认定事实错误。该裁决书认定"该工程于2006年8月21日竣工"、"申请人要求被申请人按工程量清单价增加25%"、"申请人证据原件由被申请人持有，被申请人无正当理由拒不提供"、"已由合同价变更为清单价"，没有以上事实。其结论"故应将测声管和混凝土基桩予以计价"、"被申请人还应付申请人工程价款117 117.11元"没有事实依据。裁决书中的认定理由没有法律依据，混淆事实。（6）3号裁决颠倒是非、枉法裁决。请求撤销（2008）信仲裁字第003号裁决书。

华通公司申请称：（1）华通五部与李某约定是“请当地仲裁部门进行调解”，3号裁决事项不属于仲裁协议的范围。（2）华通公司与李某之间没有仲裁协议，不应承当连带责任。（3）华通五部与李某签订仲裁协议时，信阳市仲裁委还没有成立，《仲裁规则》没有施行，不应适用《仲裁规则》。请求撤销（2008）信仲裁字第003号裁决书。

经审查，法院认为河南省高级人民法院（2007）豫法民管字第63号民事裁定认为本案双方当事人之间的纠纷应当向当地仲裁部门申请解决，依据该裁定李某才向信阳仲裁委员会申请进行仲裁解决，故信阳仲裁委员会对本案中李某与华通五部之间的纠纷有权仲裁。因双方明确约定对合同履行过程中产生的争议仲裁解决。本案施工设备折价款不属于在合同履行过程中产生的争议，依照《仲裁法》第58条第1款第2项的规定，裁决事项不属于仲裁协议的范围的，应当裁定撤销。故施工设备折价款部分应予撤销，施工前期准备工作应付款和未付工程款部分裁决适当，应予维持。关于华通五部提出的3号裁决书认定事实不清、证据不足、适用法律错误的申请理由，不是法定撤销仲裁裁决的理由，法院不予支持。华通公司作为华通五部的上级主管公司，虽然李某与华通公司之间没有仲裁协议，因华通五部不是合格的法人主体，故华通公司应当承担给付责任。

平顶山市移民安置办公室与平顶山市天宇建筑安装装饰工程有限公司申请撤销仲裁裁决案

（2009年，中国河南省平顶山市中级人民法院）

申请人移民办诉称，平仲裁字（2007）第59号仲裁裁决书应予撤销，要求被申请人负担诉讼费用及其他费用。主要理由是：（1）裁决书裁决申请人支付的64 910.73元社会保险费和322 656.08元未完工程可得利益在合同中没有约定，不属于仲裁协议的范围或者仲裁委无权仲裁。（2）仲裁裁决认定停工原因的证据系伪造，主要是2006年5月24日的会议纪要，没有我方人员的签字，而监理公司的停工报告也系伪造，且现监理公司并不保证其真实性。（3）仲裁中，天宇公司隐瞒施工日志，在仲裁庭要求下仍未提供，而施工日志能直接证明工程进度，是划分责任的重要依据，天宇公司故意隐瞒该证据，影响案件公正裁决。（4）仲裁程序违法，未告知法律救济途径及方法，未提前书面告知仲裁庭组成人员。(5) 天宇公司要求仲裁的第二项请求“2007 年 8 月 6 日解除合同的书面通知无效”没有予以裁决，属漏裁。(6) 裁决结果违反社会公众利益，且仲裁员有徇私舞弊、枉法裁判的行为。

法院认为，平仲裁字（2007）第 59 号仲裁裁决仲裁程序基本合法，但根据政府相关文件，已完工程社会保险费 64 910.73 元系建设方应向行政主管部门缴纳的行政费用，不是双方民事权利义务的内容，故在天宇公司未垫交的情况下予以处理不属于仲裁范围，仲裁委无权仲裁。申请人移民办要求撤销仲裁裁决的其他理由，因无确实的相反证据否认仲裁程序中认定的相关证据，无法证明仲裁裁决所依据的证据是伪造的，也不能证明对方隐瞒了足以影响公正裁决的证据，故不予支持。法院裁定撤销平仲裁字（2007）第 59 号仲裁裁决书第二项中关于已完工程社会保险费 64 910.73 元的裁决内容，驳回申请人平顶山市移民安置办公室的其他申请。

◎重新仲裁

俞某申请撤销仲裁裁决案

（2007 年，中国最高人民法院）

最高人民法院

关于俞某申请撤销仲裁裁决一案的请示的复函

2007 年 10 月 23 日 〔2007〕民四他字第 25 号

上海市高级人民法院：

你院〔2007〕沪高民四（商）他字第 5 号“关于俞某申请撤销仲裁裁决一案的请示”收悉，经研究，答复如下：

根据你院请示报告反映的事实，本案仲裁被申请人林某在仲裁进行期间，即 2004 年 7 月 10 日去世，而相关仲裁裁决于 2005 年 1 月 13 日作出。仲裁裁决作出时，仲裁当事人已经病故，其主体身份明显不符合法定要求。

林某在公司章程中确认了其在我国台湾地区与美国的通讯地址，中国国际经济贸易仲裁委员会上海分会在杭州青少年活动中心表示难以提供林某其他通讯地址的情况下，推定林某在美国的地址为其最后一个为人所知的地址，并按照该地址送达相应文书。但是，在另外的仲裁程序中，杭州青少年活动中心于 2002 年 12 月按照“杭州市昭庆寺里街 22 号”地址向林某送达了有关文件，俞某也提供证据证明仲裁期间寄往该地址的信件被仲裁被申请人妥收的事实。杭州青少年活动中心在仲裁过程中并未向中国国际经济贸易仲裁委员会上海分会提供仲裁被申请人真实的最后为人所知的通讯地址，并导致了仲裁被申请人在仲裁程序当中未能提出申辩并行使相关权利。根据《民事诉讼法》第 260 条第 1 款第（二）项的规定，仲裁裁决具有法定应予撤销的情形。

鉴于中国国际经济贸易仲裁委员会上海分会已经表示可以重新仲裁，根据《中华人民共和国仲裁法》第 61 条的规定，本案应当裁定中止撤销程序，通知仲裁庭在一个月内重新仲裁。同意你院审委会的处理意见。

此复。

云南伦华房地产开发经营有限公司与李某纠纷案

（2009 年，中国云南省昆明市中级人民法院）

申请人申请称：（1）昆明仲裁委员会审理程序违法，审理期限超过法定时限。昆明仲裁委员会于 2008 年 6 月 5 日组成仲裁庭，于 2008 年 10 月 4 日才向仲裁委主任申请延长审理期限至 2008 年 12 月 30 日（此时间被涂改）。本案只是普通的买卖合同纠纷，请求金额不大，不属疑难案件，也未对专门问题进行鉴定，仲裁委不应延长审限，依据《中华人民共和国仲裁法》第 58 条第（三）项的规定，依法应予撤销。（2）裁决书对仲裁费承担的裁决显失公平，应予纠正。（3）裁决书判非所请，存在超仲裁请求范围裁决，认定事实错误，依法应重新仲裁。双方在《商品房购销合同》中约定逾期办理房产证的民事责任是解除合同、赔偿损失，被申请人在仲裁申请书中提出的仲裁请求也是赔偿损失，而裁决书却裁决申请人向被申请人支付迟延履约违约金，在合同约定的违约责任形式是赔偿损失且被申请人未提出赔偿损失申请的情形下，裁决书却裁决申请人应向被申请人支付违约金，属判非所请，超出了合同约定，该裁决也违反了“不告不理”的裁决原则，又系超范围裁决，依法应重新仲裁。（4）裁决书适用法律明显错误，合同约定解除合同与赔偿损失同时适用，因双方约定中明确的是“并”字而非“或者”，故解除合同与赔偿损失不能任意选择适用。而本案合同已经履行完毕，不存在解除合同的情况，仲裁庭仍裁决申请人支付延迟履约违约金，此属于典型的适用法律错误。（5）昆明仲裁委员会对后来所受理的同类案件以仲裁申请人提出的仲裁请求与《商品房购销合同》约定不符为由予以驳回，证明本案裁决错误，故本案应重新仲裁。遂请求：撤销昆明仲裁委员会作出的昆仲裁［2008］106 号裁决书，同时伦华公司在补充申请中提出由法院通知仲裁庭对该仲裁案进行重新仲裁。

法院认为，《昆明仲裁委员会仲裁规则》第60条规定：“仲裁庭应当最迟在仲裁庭组成后4个月（不包括对专门问题作出鉴定的期间）内，作出仲裁裁决。有特殊情况确需要延长期限的，由仲裁庭提请仲裁委员会主任批准，可以适当延长”，该仲裁案虽于2008年5月7日组成了仲裁庭，但2008年6月5日该仲裁案变更了仲裁庭成员，重组仲裁庭，故该仲裁案应于2008年10月5日前作出仲裁裁决，而仲裁委员会主任于2008年10月5日批准该仲裁案延长审限至2008年12月30日，虽该报告中申请延长的审限有涂改痕迹，但仲裁委员会主任于当日在该报告上签署“同意”，而申请人亦未举证证明仲裁委员会主任不同意延长审限至该日，故伦华公司认为该延长审限报告存在涂改故影响其效力的主张法院不予采信。对于伦华公司所提出的仲裁费的分担以及违约金的支付问题，因属仲裁庭对仲裁案所进行的具体法律适用，并不构成仲裁庭的程序违法，根据《中华人民共和国仲裁法》第58条第1款规定：“当事人提出证据证明裁决有下列情形之一的，可以向仲裁委员会所在地中级人民法院申请撤销裁决：（一）没有仲裁协议的；（二）裁决的事项不属于仲裁协议的范围或者仲裁委员会无权仲裁的；（三）仲裁庭的组成或者仲裁的程序违反法定程序的；（四）裁决所根据的证据是伪造的；（五）对方当事人隐瞒了足以影响公正裁决的证据的；（六）仲裁员在仲裁该案时有索贿受贿，徇私舞弊，枉法裁决行为的。”以及《最高人民法院关于适用〈中华人民共和国仲裁法〉若干问题的解释》第20条规定：《仲裁法》第58条规定的“违反法定程序”，是指违反仲裁法规定的仲裁程序和当事人选择的仲裁规则可能影响案件正确裁决的情形。本案伦华公司的撤销请求不成立，法院不予支持。同时，根据《最高人民法院关于适用〈中华人民共和国仲裁法〉若干问题的解释》第21条规定：“当事人申请撤销国内仲裁裁决的案件属于下列情形之一的，人民法院可以依照仲裁法第六十一条的规定通知仲裁庭在一定期限内重新仲裁：（一）仲裁裁决所根据的证据是伪造的；（二）对方当事人隐瞒了足以影响公正裁决的证据的。人民法院应当在通知中说明要求重新仲裁的具体理由。”本案申请人伦华公司在庭审中明确其不主张本案存在“仲裁裁决所根据的证据是伪造的”以及“对方当事人隐瞒了足以影响公正裁决的证据的”情形，且在庭审中明确李某未向其出具过放弃追究其逾期办理产权证的权利的书面意见，故本案不存在上述司法解释所规定的重新仲裁情形，法院对申请人伦华公司的请求不予支持。对于伦华公司认为昆明仲裁委员会对其他同类型仲裁案又作出了驳回其他业主要求其承担逾期办证责任的请求，故该案应重新仲裁的主张，因此系仲裁委员会对个案的不同处理，属仲裁委员会这一裁决机构针对其所受理的个案行使裁决权的范围，故不属重新仲裁的法定事由，法院对其主张不予支持。

河南省第五建筑安装工程（集团）有限公司与佛山市石湾环球陶瓷有限公司申请撤销仲裁裁决案

（2009年，中国河南省郑州市中级人民法院）

法院在审理申请人河南省第五建筑安装工程（集团）有限公司与被申请人佛山市石湾环球陶瓷有限公司申请撤销仲裁裁决一案中，由于被申请人在收到货款后，没有及时告知仲裁庭，隐瞒了足以影响公正裁决的证据。法院通知仲裁庭重新仲裁，郑州市仲裁委员会已决定对本案重新仲裁。依照《中华人民共和国仲裁法》第61条、《最高人民法院关于适用〈中华人民共和国仲裁法〉若干问题的解释》第22条之规定，法院裁定如下：本案终结撤销程序。

◎第三人提出异议

No. 8Ob159/06z

（2006年，奥地利最高法院）

在本案中原告寻求撤销另外两个当事人之间的裁决，认为该裁决可能会给其造成更深的法律影响。法院认为依据奥地利法，一项仲裁裁决原则上对双方当事人有司法效力。第三方仅仅在裁决对其权利造成了客观影响时才能申请撤销裁决。

颜某执行异议案

（2009年，中国湖南省株洲市中级人民法院）

异议申请人颜某不服株洲市中级人民法院（2008）株中法民保字第9号以及（2008）株中法执字第135号民事裁定书，于2008年12月5号向法院提出异议申请，

经审查，申请执行人钟某与被申请执行人株洲国邦通信网络有限公司加盟协

议纠纷一案，由钟某向株洲市仲裁委员会提出财产保全申请，株洲市仲裁委员会于2008年4月17日提请法院作出财产保全裁定，对株洲国邦通信网络有限公司价值人民币2.5万元的财产作出保全，法院依照《中华人民共和国仲裁法》第28条及《中华人民共和国民事诉讼法》第92条之规定，裁定对被申请执行人株洲国邦通信网络有限公司的2.5万元财产予以保全。同时依据已经发生法律效力的株洲仲裁委员会（2008）株仲裁字第60号裁决书，申请执行人于2008年11月10日向法院申请对株洲国邦通信网络有限公司在中国电信的系统保证金2.5万元予以提取，法院执行局于11月11日向被执行人国邦通信网络有限公司发出执行通知书，责令其于2008年11月16日向申请执行人自动履行义务，因被执行人至今未履行义务，故法院执行局对被执行人在中国电信股份有限公司株洲分公司被保全的2.5万元财产，依照《中华人民共和国民事诉讼法》第219条之规定，以（2008）株中法执字第135号民事裁定书裁定予以提取。

执行期间，异议人颜某提出异议，认为提取的国邦通信网络有限公司2.5万元是由其个人全额投资的国邦电信营业厅的资金，当时该电信代办点是以株洲国邦通信网络有限公司名义申请，其挂靠在该公司名下开办的，不是株洲国邦通信网络有限公司的财产，而是自己开办电信代办点的保证金，与钟某申请保全的财产无关，要求法院予以解除。同时提供了株洲国邦通信网络有限公司国邦电信营业厅营业执照（荷塘区德胜商业街21号）一份；与中国电信股份有限公司株洲分公司签订的代办电信业务合同一份和该公司开具的证明一份；还提供了2006年12月13日向该公司交纳的代办保证金3万元凭据一张；办理该凭证的傅某证明该3万元是由其代颜某向株洲国邦通信网络有限公司交纳的保证金。以上颜某认为能够证明被提取的2.5万元是其交纳的保证金。

法院认为：申请执行人钟某申请执行株洲国邦通信网络有限公司的财产，但证据证实法院执行中提取的2.5万元属异议人颜某申请开办国邦电信营业代办点的保证金，根据最高人民法院《关于人民法院民事执行中查封、扣押、冻结财产的规定》第31条第（一）款的规定，异议人颜某提出的执行异议成立。依照《中华人民共和国民事诉讼法》第204条之规定，裁定如下：中止对法院提取的2.5万元保证金的执行。

专题十

海事、海商仲裁

“手续费”的认定和效力

◎ *Haugland Tankers AS v. RMK Marine Gemi Yapim Sanayii ve Deniz Tasimaciligi Isletmesi*（2005年，英国商事法院）

“保险期间”的计算

◎ *Heesens Yacht Builders BV v. Cox Syndicate Management Ltd.*（*The Red Sapphire*）（2006年，英国上诉法院）

造船合同的法律适用

◎ *Jameson Cooper v. Meridlan Yachts, Ltd.*（2009年，美国第十一巡回法院）

◎“手续费”的认定和效力

Haugland Tankers AS v. RMK Marine Gemi Yapim Sanayii ve Deniz Tasimaciligi Isletmesi

（2005年，英国商事法院）

本案中，原告船东 Haugland Tankers AS（H）与被告船厂 RMK Marine Gemi Yapim Sanayii ve Deniz Tasimaciligi Isletmesi（R）于2004年6月签订一份造船合同，约定由船厂设计、建造并交付一艘成品油轮给船东。

双方另外又达成了一份选择权协议，根据这份协议，船东有权选择在完全一致的条件下购买一艘与上述成品油轮一模一样的油轮。船东决定行使该选择权的，必须在支付了第一艘成品油轮的第一期分期付款款项之后的6个月内“主张”。船东一旦决定行使选择权要求船厂建造第二艘油轮，就必须即刻通知船厂并“同步”支付1%的“手续费”。船东通知船厂行使选择权的意向但没有支付手续费的，如果超过上述6个月期间，则船厂对于因未支付手续费则选择权不得实施的抗辩失去法律效力。

2004年11月被告船厂通过电子邮件向买方表示拒绝建造选择权协议下的第二艘油轮。理由是：（1）为了构成选择权协议中的“主张”，手续费的支付是“同步”的；（2）本案中的选择权并没有被有效行使，因为自动支付“手续费”是一个先决条件；（3）如果选择权被有效行使了，则支付“手续费”的要求构成合同的约定条件，何时支付就成了关键。

法院在支持了被告的抗辩，认为：（1）构成选择权协议的唯一可能是主张选择权的通知以及“同步”的支付手续费。（2）如果船东未在发出通知的同一时间支付手续费，则无法行使选择权。尽管支付义务在独立的句段中显示，但同步支付构成了行使选择权的先决条件，换而言之是行使选择权的必然要求。（3）如果支付手续费不构成先决条件，违反同步支付要求并不会授予被告船厂立即解除合同的权利。

☞ 判决摘录

The General Effect of the Option Agreement and Addendum

The drafting of the Option Agreement and the Addendum to it is not of the most elegant. But the general effect of the resulting agreement is not really in issue. It gave the claimant an option to buy an identical vessel to Hull 63 and to do so on the same terms save as provided in Clause 3 of the Option Agreement. The option could only be ‘declared’ by the claimant in the 6 month period following payment of the first instalment of the price for Hull 63. In the event that payment was made on 16 June 2004 and so the option could be exercised at any time between 16 June and 15 December 2004. If it was not exercised by the later date the option fell away. The defendant had a period of up to 9 months following the exercise of the option before it was obliged to commence ‘production’ of the vessel and 16 months after the commencement of production to deliver the vessel.

The defendant was obliged by Clause 2 upon the exercise by the Buyer of the Option as per Clause 4 to enter into the contract to build the vessel. The payment of the 1% ‘commitment fee under Clause 4 (which was a sum in the region of US $100,000) was not (in contrast to the equivalent provision in Addendum One of the Contract for Hull No. 63) the subject of any refund guarantee securing its re-payment to the claimant in the event of default by the defendant. The fee was to be forfeited, and the Option was to be 'null and void', in the event the claimant did not pay the 14% balance of the first instalment of the price. That payment was to be made 'upon notice of construction of the vessel' presumably to be given by the defendant but not further defined.

Simultaneously

……

Whether or not that may have been what the claimant had intended, the Option within the time and had achieved expressly in Addendum Number One to the Contract for Hull No 63, in my judgment it plainly was not achieved in the Option Agreement. The word 'simultaneously' is not connected to anything else in Clause 4 but service of the notice declaring the Option within the time limit (then of 6 months from an effective contract for Hull No. 63 and later, by Addendum Number One, of 6 months from payment of the first instalment under that contract) provided for. I agree with Mr Karia, for the defendant, no other construction is possible. Notice declaring the Option and payment of the Commitment Fee had to be done simultaneously, meaning at the same time.

Was the option validly exercised?

……

Here the payment obligation is expressed in a separate sentence. It can be said, as Mr Davies submitted, that it would have been easy to say expressly that the Option could only be exercised 'by simultaneous notice and payment' or similar words. Nonetheless in my judgment, Mr Karia is right in submitting that simultaneous payment was a condition precedent to or a requirement for the proper exercise of the Option.

……

In the terms used in the authorities cited in paragraph 17 I do not think the offer contained in the Option could be accepted in exact compliance with its terms without payment of the Commitment Fee at the same time as the notice was served.

Promissory condition

……

The factors to which I have referred are, to my mind, nicely balanced. Granted the receipt of notice purporting to exercise the option, and on the present hypothesis effective to do so, I do not think the defendant could have thought that there was even a remote chance that the claimant was not able or not intending to pay the Commitment Fee. If it had been material, I would have decided that the failure to pay the Commitment Fee at the same time as the notice was given was not a failure which entitled the defendant without more to terminate the contract.

◎ "保险期间"的计算

Heesens Yacht Builders BV v. Cox Syndicate Management Ltd. (*The Red Sapphire*)

（2006 年，英国上诉法院）

本案中，上诉人保险公司 Cox Syndicate Management Ltd（以下称 C）向法院递交了上诉申请，要求法院撤销认定其应当为被上诉人船厂 Heeseans Yacht Builder BV（以下称 H）建造的船舶承担保险责任。另被上诉人船厂 H 建造了一艘游艇并交付给买方，后买方根据造船合同中的保证责任条款向船厂 H 提出索赔。当船厂 H 交付游艇时，船厂 H 可以依据保险单享受在保险期间内的权利，即要求保险公司承担保险责任；但船厂 H 建造上述游艇的时间起始点却不包含在保险期间内。

船厂 H 依据保险单向保险公司 C 提出索赔，而保险公司 C 则抗辩说这份保险单不承保上述游艇，因为保险单仅承保开工建造时间在保险期间内的船舶。在初审中，法官支持了船厂 H 的主张，认为保险责任应当涵盖仅交付时间在保险期间内的船舶。作出这番认定的依据是保险单中的 Section B 部分有独立的风险附件条款，该条款将"发生风险时"定义为交付船舶时。保险公司 C 认为初审法院将 Section B 的期间条款解释地过于狭窄。

上诉法院法官在审查是否允许上诉人提出告诉时同意了保险公司 H 的观点，认为在保险单 Section B 部分中明文写明 Section B 与保险单承保建造风险的条件是一致的，因此依据保险单投保船舶建造风险的船舶与适用 Section B 部分的船舶在保险期间这一问题上应当符合相同的要求，即船舶建造的时间起点必须在保险期间内。保险公司 C 的保险责任应当限定在为建造、交付均在保险期限内的船舶承担保险责任，所以，只有是那些建造或修理起始时间在保险期限内的船舶才被纳入保险单承保范围，而无须考虑投保的目的是建造风险还是担保责任风险。结论是船厂 H 对于该艘游艇的担保责任并不应当被纳入保险公司 C 应承担的保险责任内，因为游艇并不是在保险期间内建造的。

☞ 判决摘录

……

The judgment below

The judge held that the Red Sapphire fell within the 1999 policy for guarantee risks even though, as a vessel whose construction had begun before that or any relevant policy, it did not qualify for cover by the underwriters for construction or loss of interest risks.

He did so on the basis that the guarantee risks wording had its own clause defining the moment of risk attachment in its clause headed "Period" providing "Twelve months, risk attaching as per guarantee clause". The guarantee clause said that the twelve months period began with the delivery of the vessel. Because Section B Guarantee Risks had its own risk attachment clause, therefore the risk attachment provisions in the "PERIOD" clause among the opening clauses of the policy did not apply (see in particular para (2) of that clause and the provision that "Risk in respect of each vessel/yacht … attaches on the moment they have started with the works... provided that the moment of attachment is within the insured period").

Before the judge the parties had submitted as follows. The yard submitted that, as Section B had its own risk attachment clause, therefore the "PERIOD" clause in the opening clauses did not apply at all to guarantee risks — other than for it's para (1). The underwriters submitted, however, that both risk attachment clauses operated: the opening "PERIOD" clause told the parties what vessels the policy attached to, and the Section B "Period" clause told the parties how and when the guarantee risks cover attached to such vessels.

The judge, while ultimately favouring the yard's construction, nevertheless took his own path to get there. He rejected the yard's submission that the opening "PERIOD" clause did not apply at all to Section B: he accepted that parts of it did, such as its paras (1), (3), (4). But its para (2) could not live together with the inconsistent risk attachment provisions of Section B's own risk attachment "Period" clause.

As for the underwriters' reliance on Section B's "Per" clause ("Vessels, yachts as per building risks policy") to support their submission that the whole policy applied only to vessels whose construction had begun during the policy period, he rejected it, again on the ground that Section B had its own risk attachment clause.

The judge accepted that the underwriters' submission was workable, but he preferred his own solution.

……

Conclusion

I would therefore hold that only vessels whose construction (or repair) commenced during the policy period were within the policy, whether for the purposes of construction risks or guarantee risks. It follows that this appeal must be allowed. The yard's guarantee clause liability in respect of the Red Sapphire was not covered by the underwriters' 1999 policy, for her construction had not commenced during its policy period.

◎造船合同的法律适用

Jameson Cooper v. Meridlan Yachts, Ltd.

（2009年，美国第十一巡回法院）

本案的上诉人船长 Jameson Cooper（以下称 J）因不服初审法院作出的不支持其主张的第三方求偿权、损害分担以及代位求偿权，向法院提出上诉要求被上诉人船厂 Meridlan Yachts, ltd.（以下称 M）、设计方以及一家美国关联公司承担其因人身伤害受到的损失。

J因被船舶的食物升降机砸到脚而受伤，法院认为：（1）荷兰法应适用于产品责任以及过失理论，因为船舶建造以及设计方是荷兰公司，船舶是在荷兰建成的，而且侵权行为（上诉人声称升降机组装不当）发生地也在荷兰；（2）无论荷兰法是否适用船东关于建造方和设计方在严格产品责任理论下应承担责任的诉求，船舶建造合同特别指明了船东不承担间接损害或其他非直接因素造成的损失，并且该条款在荷兰法中是可执行的；（3）船长基于严格产品责任理论提出的主张因荷兰法规定的10年的责任期限届满而得不到法院支持；（4）船长可以依据一般侵权行为理论起诉，因为荷兰法对这种案件规定的5年的诉讼时效还未届满；（5）未在合同上签字的关联公司不得依据责任限制条款受益。

法院最终维持了原审中关于驳回船东对船厂以及设计方主张赔偿的部分；支

持了部分也推翻了部分原审法院作出的驳回第三方对被上诉人船厂的索赔要求，诉讼程序得以进行，但只能依据荷兰法关于过失责任理论或一般侵权行为理论判决案件；推翻了初审法院关于驳回四上诉人对美国关联公司的诉讼主张的认定。

☞ 判决摘录

……

The shipbuilding agreement contains four relevant clauses. Article 13 has a choice of law provision:

> This Agreement, and all disputes arising out of or in connection with it, shall be construed in accordance with and shall be governed by the Dutch law.

The agreement also contains a limitation of liability provision in Article 10. Its critical language provides:

> [T] he Builder shall have no liability whatsoever for any loss or damage directly arising from the defectiveness or deficiency of parts . . . except if resulting from intentional conduct or gross negligence of the Builder or his servants. Liability of the Builder for loss of business, loss of profits, consequential damages or other (indirect) damage, however, is always excluded . . . .

Additionally, Article 11 of the agreement appears to permit third-parties to take advantage of the limitation of liability provision. It provides:

> All exonerations and limitations of liability stipulated in favor of any party, shall also apply in favor of the servants, sub-contractors and suppliers of such party and of those directly or indirectly contracted by sub-contractors and suppliers.

However, another clause in the agreement, Article 20 (4), appears to prevent third-parties from benefitting from any portion of the agreement by stating:

> Nothing in this Agreement, whether express or implied, is intended to confer any benefits, rights or remedies on any person other than the parties to this Agreement.

……

A. The Shipbuilding Agreement's Effect on the Third-Party Claims

We turn to the effect, if any, that the agreement has on the four appellants' third-party claims. First, we discuss whether the agreement's Dutch choice of law and limitation of liability provisions control the third-party claims brought by Meridian, the shipowner, against De Vries, the shipbuilder, the agreement's only two signatories. If either one of these provisions controls, we then evaluate whether and to what extent they alter Meridian's ability to recover. Second, we look to see whether the remaining appellants and the appellees are either bound by or have the ability to take advantage of these provisions, which were set out in a contract they never signed.

1. *Meridian (Shipowner) v. De Vries (Shipbuilder) -The Signatories to the Agreement*

The only two parties in this action that signed the agreement were Meridian, the shipowner, and De Vries, the shipbuilder. As a signatory, Meridian's third-party claims against De Vries are governed by both the Dutch choice of law provision and the limitation of liability provision.

……

2. *Meridian (Shipowner) v. De Voogt (Ship-Designer) & Feadship America (American Affiliate) - Application of the Agreement's Third-Party Beneficiary Provision (Article 11) to Non-Signatories*

Meridian has also sued two parties who did not sign the agreement, De Voogt, the ship-designer, and Feadship America, its American affiliate. We must, therefore, determine whether these non-signatories may take advantage of the agreement's third-party beneficiary provision. For the reasons discussed herein, only De Voogt, the ship-designer, may benefit from the provision.

……

3. *Vulcan Manager (Ship's Manager) and Vulcan Employer (Cooper's Maritime Employer) v. De Vries (Shipbuilder) - Application of the Dutch Choice of Law Provision to Non-Signatories*

We next consider the claims brought by Vulcan manager, the entity who Cooper alleged was the manager of the Meduse and its crew, and Vulcan employer, Cooper's maritime employer, against De Vries, the Dutch shipbuilder. The general rule is that non-signatories are not bound to the terms of a contract. Because the Vulcan appellants never signed the agreement, the Dutch choice of law provision does not apply to their claims. Furthermore, there is no evidence that the Vulcan appellants fall within any exception to this general rule that would bind them to the contractual provision.

……

B. Non-Contractual Choice of Law Analysis - Remaining Third-Party Claims

1. *The Meduse (Ship), Vulcan Employer (Cooper's Maritime Employer) & Vulcan*

Manager (Ship's Manager) v. the Dutch Shipbuilding Appellees (Shipbuilder and Ship-Designer) - Negligence Theory

We turn now to the issue of what law governs the third-party claims brought by the Meduse, the ship, and the Vulcan appellants, the ship's manager and Cooper's employer, against De Vries and De Voogt, the Dutch shipbuilder and designer. The U. S. and the Netherlands are the only two countries with a potential interest in the determination of this action. The British Virgin Islands, where Vulcan employer is incorporated, and the Cayman Islands, where the Meduse is registered, are also potentially interested jurisdictions, but the parties have provided no information on this score, and we see no reason to burden ourselves with further research. As already discussed, Dutch law provides a five-year statute of limitations for actions brought under the general tort provisions of the Dutch Civil Code and this action was filed less than two years after Cooper's injury. [HN27] Under U. S. law, "any limitations period in a cause of action for indemnity or contribution does not begin to run until judgment against defendant has been entered or payment of the primary liability payment has been made. . . ." ITT Rayonier, Inc. v. Southeastern Mar. Co., 620 F. 2d 512, 515 (5th Cir. 1980). The third-party complaint was filed prior to settlement with Cooper, making this action timely under federal maritime law regardless of which limitations period applies. Therefore, on this issue, there is no conflict and thus there is no need to decide whether U. S. or Dutch law controls. Accordingly, the third-party claims brought by Meduse and the Vulcan appellants may proceed against the Dutch shipbuilding appellees on a general tort or negligence theory.

2. *The Meduse (Ship), Vulcan Employer (Cooper's Maritime Employer) & Vulcan Manager (Ship's Manager) v. the Dutch Shipbuilding Appellees (Shipbuilder and Ship-Designer) - Strict Products Liability Theory*

As stated earlier, the non-signatory appellants also raise claims based on strict liability. We must determine which jurisdiction's law applies to those strict liability claims in order to decide whether they are time-barred. After conducting a conflict of laws analysis, we find the Netherlands to be the only interested jurisdiction. Accordingly, Dutch law applies and the third-party strict liability claims of the non-signatory appellants are barred by the ten-year statute of repose.

……

The wrongful act, namely the manufacture and installation of the foodlift, took place in the Netherlands and therefore strongly favors the application of Dutch law because the Netherlands has an interest in regulating all such activity occurring within its borders. The four appellants argue that the wrongful act occurred on the high seas, where the defect in the foodlift manifested itself, thus, not pointing either to the application of federal maritime law or Dutch law. Here, we agree with the district court that [HN37] the wrongful act occurs where the construction of the defective product took place and not in the place where the injury occurred — a remote area in the sea where the ship happened to have been at the time the effects of the defect came to fruition. See Rationis Enters. Inc. of Panama v. Hyundai Mipo Dockyard Co., Ltd., 426 F. 3d 580, 587 (2d Cir. 2005) (finding that "the place of the wrongful act is not where the vessel sinks, but where the negligence occurs."). This factor should no doubt be given more weight here where the wrongful act occurred in a fixed location; in contrast, the place of the injury, namely Cooper's injury, occurred in a purely fortuitous location on the high seas. See EEOC v. Bermuda Star Line, Inc., 744 F. Supp. 1109, 1111 (M. D. Fla. 1990) (finding that in Title VII maritime cases, the place of the wrong factor merits considerable weight because unlike "in Jones Act cases [, where] the place of the wrong should generally be given little weight, as the place a seaman is injured will generally be a fortuitous matter, here it is not so").

……

The Dutch shipbuilding appellees do not have a U. S. base of operations. The four appellants cite to Feadship's website, which acknowledges that De Vries and De Voogt are part of the Feadship venture. However, no information is provided regarding either the extent or the types of activities that the two Dutch shipbuilding appellees perform in the U. S. that could lead to a determination that De Vries and De Voogt conduct substantial day-to-day operations in Florida. Furthermore, the website excerpts acknowledge that "Feadship's head office is located in Haarlem" in the Netherlands, "and shares its offices with De Voogt Naval Architects." Although De Vries owns fifty percent of the stock in Feadship America, there is nothing to indicate that De Vries exercises day-to-day control over the American company or that corporate formalities are not properly maintained.

……

The Netherlands clearly has a strong interest in having its law applied. The domicile of the companies that constructed and designed the Meduse are in the

Netherlands, as was the place of construction, thus demonstrating that it has not only a substantial, but a predominate, if not sole, interest in applying Dutch law and its policy of repose. [18] Accordingly, Dutch law applies to the strict liability claims brought by the Meduse and the Vulcan appellants [* * 71] against the Dutch shipbuilding appellees, effectively barring that action as untimely.

……

CONCLUSION

The decision of the district court dismissing Meridian's claims against De Vries and De Voogt is affirmed. The district court's decision dismissing the third-party claims of the Meduse, Vulcan manager and Vulcan employer against the Dutch shipbuilding appellees, De Vries and De Voogt, is affirmed in part and reversed in part; the action may proceed, but only under Dutch law on a negligence or general tort theory. [19] The district court's decision dismissing the four appellants' claims against Feadship America is reversed and those third-party claims may proceed under federal maritime law on either a strict liability or negligence basis.